골목길을 쓰는 마음

일러두기

1. 본책 『골목길을 쓰는 마음』은 『수다쟁이론』(문덕사, 1992)의 개정판으로 「여행하는 마음」의 세 글(〈백두산 여행〉, 〈중국 여행〉, 〈캄보디아 앙코르유적 답사기〉)을 추가로 싣고 오·탈자를 바로잡았다.
2. 「여행하는 마음」의 세 글(〈백두산 여행〉, 〈중국 여행〉, 〈캄보디아 앙코르유적 답사기〉)은 저자의 손자(이현수)에게 2015년과 2016년에 쓴 편지글 중에서 뽑아 실은 것이다.

골목길을 쓰는 마음

이연재 지음

안티쿠스
ANTIQUUS

골목길을 쓰는 마음

발행일 | 초판 1쇄 2022년 4월 25일
지은이 | 이연재
펴낸이 | 김종만·고진숙
펴낸곳 | 안티쿠스
책임편집 | 김종만
북디자인 | 디노디자인
제작진행 | 피오디북
CTP출력·인쇄 | 천일문화사
제본 | 영글문화
물류 | 문화유통북스
출판등록 | 제300-2010-58호(2010년 4월 21일)
주소 | 03021 서울시 종로구 자하문로 41길 6, 가동 102호
전화 | 02-379-8883
팩스 | 02-379-8874
이메일 | mbook2004@naver.com

값은 뒤표지에 있습니다.

ISBN 978-89-92801-46-1 03040

글머리

"열심히 살자."

내가 자주 수다 떠는 말이다. "열심히 살자"라는 말로 수다를 떠는 데엔 그 까닭이 있다. 우선 나는 내 나름대로 열심히 살아가려고 하기 때문이다. 그러니까 이 책에 실려 있는 짤막짤막한 글들은 거의 모두가 진지한 삶의 모습을 나타내고자 한 내용이라는 걸 말해 두고 싶다.

나는 밥을 먹어도 열심히 먹는다. 나는 옷을 입어도 열심히 입는다. 나는 잠을 자도 열심히 잔다. 하다못해 나는 대변을 봐도 열심히 보는 편이다.

언젠가 한 번, 크리넥스 화장지 한 장을 달랑 뽑아 쥐고 화장실로 갈 때였다. 대변을 보러 가면서 어떻게 한 장만을 가지고 가느냐고 내 집 아이들이 퍽 의아해했다. 그때 나는 태연스럽게도 내 집 아이들에게 화장지 한 장을 가지고 열심히 대변을 보는 방법을 수다 떤 적이 있다.

열심히 사는 삶은 성실히 살아가는 삶이다. 자기가 해야 할 일에 최선을 다하는 삶이다. 성실하고 진지하게 살 때, 꿈과 보람과 기쁨과 즐거움을 누릴 수 있지 않을까.

예전에 나의 어머님은 무섭도록 억척스러우셨다. 논밭일은 말할 것도 없고 집안의 크고 작은 일들을 척척해내셨다. 일손도 빠르셨으며 앞뒤

일의 두서도 훤하셨다. 한시도 쉴 틈 없이 땀을 흘리며 사신 분이셨다.

우리가 삶의 보람을 따지듯, 누구에게든 글 쓰는 작업의 의도는 있게 마련이다. 그러나 나에겐 따로 어떤 유별난 의도는 없다. 그저 내 어머님이 열심히 사셨던 것처럼 무조건 열심히 일하면서 열심히 쓰는 것이다. 매일같이 틈만 있으면 한 줄씩이라도 꼭꼭 쓴다. 써야만 마음이 편안하고 밥맛이 나고 잠이 잘 온다.

휴지 한 장이라도 그 대하는 태도가 진지한 사람과 그렇지 않은 사람에게는 삶의 의미가 크게 다르다. 접고접고 또 접어서 아주 열심히 사용할 때 마음가짐은 참으로 진지해진다. 마음가짐을 진지하게 가지면 가질수록 하찮은 일이나 생각, 행동이나 사물들도 그토록 아깝고 고맙고 귀하고 즐겁고 아름답고 소중하고 사랑스럽게 느껴지지 않을 수가 없는 것이다.

밥 먹는 것, 옷 입는 것, 잠자는 것도 마음가짐이 진지하면 진지할수록 그만큼 고맙고 귀하고 즐겁고 아름답고 소중하고 사랑스러운 것이다. 나에게 있어서만은 모든 일이 다 그렇다. 남다른 희망, 기쁨, 보람, 즐거움 같은 것들은 모두가 열심히 살아가는 삶의 결과가 아니겠는가.

글 쓰는 작업인들 전혀 다를 바 아니다. 피를 말리는 작업이라고 수다들을 떨 만큼 그렇게 힘든 일임에는 틀림이 없다. 그래서일까. 세상에서 내가 가장 부러워하는 사람은 바로 많은 작품을 써내는 사람들이다. 이것이 바로 나의 진심이다.

열심히 쓰자.

열심히 사신 내 어머님같이. 그 집념, 정력, 노력, 열성을 한없이 그리면서 나는 앞으로 더 진지하게 그리고 열심히 쓸 것이다.

글머리에다 어줍지 않은 수다를 늘어놓은 셈이다. 어머님께는 더없이 송구스러울 뿐이다.

아울러 수다쟁이가 아닌 나로 하여금 『수다쟁이론』을 열심히 쓸 수 있도록 힘을 도와주고 출판까지 기꺼이 맡아준 문덕사 김중대 사장님 그리고 편집 교열에 크게 도움을 준 여러분께 진심으로 깊은 사의를 표한다.

1992년 마지막 달

이연재

/ 차례 /

제3장
수다쟁이론

제4장
딸애의 귀가 시간

제5장 거듭 태어나기

제6장

골목길을 쓰는 마음

제7장

여행하는 마음

• 1장

꽃반지 사랑

아침에 창문을 활짝 열고

새벽 다섯 시. 이른 아침이다. 벌떡 일어나 나는 창문을 활짝 연다.

높푸른 하늘을 우러러 본다. 먼 산을 쳐다본다.

넓은 들판을 바라본다. 굽이굽이 흐르는 시냇물을 굽어본다. 모든 것이 새롭다. 맑고 시원하다. 신선한 공기를 마시면서 두 팔로 기지개를 켠다.

그리고 붉게 솟아오르는 태양을 내 품 안에 끌어안는다.

앞산이 보이고 나무들이 보이고 흐르는 계곡이 보일 때 나는 눈이 트인다. 고요히 좌정할 때 가슴이 열리고 하루를 설계할 때 나는 마음이 열린다. 조깅할 때 숨이 차고 아침 산에 오를 때 땀이 솟고 새소리를 들을 때 귀가 밝아지고 생수를 마실 때 나는 정신이 맑아진다.

소금물로 눈을 씻고 보드라운 칫솔로 이를 닦고 비눗물로 머리를 감을 때 나는 즐거웁다. 따끈한 물에 발을 담글 때 나는 감사한다. 감사하는 마음으로 나는 손을 씻고 어깨를 씻고 등과 허리를 씻고 넓적다리를 씻고 발가락을 씻는다.

그리고 내 손을 지긋이 바라볼 때 나는 기쁨을 누린다.

행복은 마음속에 있는 것. 우리는 아주 작은 행복부터 가꿔가야 한다.

가정이 있어 사랑이 일고 이웃이 있어 즐거움이 일고 사회가 있어 보람이 인다. 가정, 이웃, 사회를 위해 나는 무엇인가 행복을 일궈야 한다. 내가 살아 있는 한.

청심사달(淸心事達)

독신호학(篤信好學)

재물 때문에 얼마나 많은 짜증을 부렸던가. 색정(色情) 때문에 얼마나 많은 정력을 낭비했던가. 식욕(食慾) 때문에 얼마나 많은 시간을 허비했던가. 명예(名譽) 때문에 얼마나 많은 사람을 저주했던가. 수면(睡眠) 때문에 얼마나 많은 게으름을 피웠던가.

내 마음부터 맑게 다스려 가자. 더러운 욕심의 때를 씻어 버리자.

하루해를 보내고 나면 아무 흔적도 없는 생활. 그저 먹고 마시고 노래부르고 춤추고 시시덕거리며 즐긴들, 마음은 더없이 허전하다. 욕하고 싸우고 미워하는 마음만 키워갈 뿐이다.

사람이 사람을 미워하면 아무 일도 남길 수 없다. 사람이 안일(安逸)하면 안일할수록 게으름에 빠질 수밖에 없다. 더러운 욕심 때문에 흔적 없이 나날을 보내는 것처럼 더 큰 슬픔도 없다.

욕심을 떨어버리면 마음이 고요로와진다. 부지런하면 하는 일마다 활력이 넘친다. 마음속에서 순수한 동기가 싹트고 수단과 방법에 의혹이 없어지고 목적을 이룸에 믿음이 온다. 서로가 서로를 신뢰하게 되고 서로가 서로를 좋아하게 되고 서로가 서로를 배우게 된다.

하루하루를 어질게 살아가자. 시냇물처럼 슬기롭게 흘러가자. 나의 이 빛깔과 음향과 향기에 알맞은 어질고 슬기로운 행동을 보여주자.

그리고 고요로운 마음을 갖자. '일신(日新), 일일신(日日新), 우일신(又

日新)' 『대학(大學)』에 나오는 말이다. 날로 새롭고 날로날로 새롭고 그리고 또 날로 더 열심히 새로워지자.

자기 마음속의 행복

아득한 옛날에 한 마을이 있었다. 그 마을 사람들은 예의범절을 지킬 줄 모르고 남을 믿고 존중하는 법도 없었다. 그들은 생활관습도 무시하고 어른들의 지혜도 무시했다. 그저 본능만을 따르며 온갖 못된 짓을 자행했다. 한마디로 그들은 안하무인(眼下無人)이었다. 그러면서도 그들은 조금도 부끄러워할 줄을 몰랐나.

그들은 서로 힘을 겨루다가 언젠가는 자멸할 것이 틀림없었다. 어느 날 그 마을의 한 장로(長老)가 비교적 착하고 머리가 좋은 사람들을 불러 모았다. 그리고 어떻게 하면 그 무례한 자들로부터 살아남을 수 있을까 의논했다.

궁리궁리 끝에 그 못된 자들로부터 모든 행복의 비밀을 빼앗아 그 행복을 아무도 모르는 곳에 숨겨두기로 했다. 그런데 문제는 어디에 숨겨두느냐 것이었다.

어떤 사람은 땅속 깊이 파묻자고 제안했다. 또 어떤 사람은 바다 속 깊이 가라앉히자고 했다. 그리고 어떤 사람은 제일 높은 산꼭대기에 숨겨 두자고도 했다. 그러나 모두 안전할 것 같지가 않았다.

깊은 생각 끝에 그 마을의 장로가 드디어 이렇게 결정을 내렸다.

"그걸 사람들 마음속에 숨겨 두자. 안심하고 숨길 수 있는 곳은 바로 그곳밖에 없다."

인디언의 민화에 나오는 이야기다.

사람들은 이미 행복을 자기 자신의 마음속에 간직하고 있는 줄을 까맣게 잊어버리고 살아가고 있다. 그리고는 또 다른 행복을 찾아 이리저리 뛰어다니기만 한다. 때로는 공연히 남을 시기하고 부러워하고 또 미워한다. 자기 마음속에 간직한 행복을 찾아내고 그를 가꿔 나가겠다는 생각은 전혀 하지 않는 것이다.

행복의 비밀은 밖에 있는 것이 아니라 바로 자기의 마음속에 있다.

욕심은 끝이 없는 것. 욕심은 욕심으로 괴멸되고 만다. 사람은 편안한 마음으로 제 분수를 지킬 줄 알아야 한다. 스스로 반성하고 좀 더 참된 생활을 하려고 노력하는 데에서 자기의 새로운 생활이 이루어진다.

증자(曾子)는 세 가지를 가지고서 매일같이 자기를 반성하며 행복한 삶을 꾸렸다고 한다.

"자기 직업에 정말 충실했나(爲人謀而忠乎). 친구들과 사귀는데 정말 믿음직스럽게 행동했나(與朋友交而不信乎). 배운 것을 정말 열심히 익혔나(傳不習乎).

일, 사귐, 배움에 성실하면 행복한 삶을 꾸리지 못할 사람이 없다는 얘기다.

잘못을 뉘우치고 고쳐가자는 말이기도 하다. 자기 잘못을 뉘우치고 고칠 수 있는 사람만큼 매력적인 사람도 없다. 잘못을 고쳐가는데 주저할 까닭이 뭐가 있겠는가. 잘못을 고칠 때 마음이 맑아진다. 고치는데 주저하지 않는 것은 의로운 용기이다.

자기의 잘못을 능히 고칠 수 있는 용기는 마음을 비우는 데서부터 비롯된다. 마음을 비우지 못하면 두려움과 위선이 싹트게 마련이다. 두려움을 가질 때 사람들은 그 두려움을 피하기 위하여 또 다른 두려움을 만들어낸다. 위선을 행할 때 사람들은 그 위선을 호도하기 위하여 또 다른 위선을 행하게 된다.

사람의 마음은 정말 간사한 것인가. 선하다가도 금방 악해지고 참되다가도 금방 거짓스럽다. 좋아하다가도 금방 싫어하고 마음먹었다가도 금방 취소한다. 어제 계획이 오늘 바뀌고 오늘 결정이 내일 달라진다. 웃다가도 금방 울고 기뻐하다가도 금방 슬퍼한다.

죽 끓듯 변하는 게 사람 마음이라고나 할까.

'원형이정(元亨利貞)'

『주역』에 나오는 말이다. 생각하고 추진하고 바라고 거둬들인다는 뜻이다. 자연의 변함없는 법칙이기도 하다. 떳떳한 사람은 떳떳하게 생각하고 떳떳하게 추진하고 떳떳하게 바라고 떳떳하게 거둬들인다.

떳떳한 마음이 정직한 마음이다. 한결같은 마음을 지녀야 한다. 깨끗한 마음을 가져야 한다. 남이 훤히 들여다 볼 수 있는 마음을 키워야 한다. 아무리 깊어도 맑은 물속은 훤히 들여다 볼 수 있지 않은가.

간사한 마음을 떨쳐버려야 한다. 서로가 서로를 들여다 볼 수 있는 마음, 거짓이 없는 진실 된 마음을 가꿔야 한다. 한 평생을 소중히 살자면 무엇보다도 우리는 거짓 없는 삶을 선택할 수밖에 없으리라.

맑고 깨끗한 마음이 가장 행복한 삶의 바탕이기 때문이다.

"자기 마음속의 행복!"

누구나 가장 고맙게 여길 일은 바로 각자의 마음속에 숨겨진 자기만의 떳떳한 행복을 스스로 찾아 가꾸는 일이 아니겠는가.

어리석은 경쟁심

봄볕이 따사롭다. 연초록 어린 새싹들이 하루가 다르게 새파래진다. 봄기운을 쏘이면 나의 가슴도 생동하는 것 같다.

일주일에 두어 번, 나는 용마산 마루턱에 있는 약수터에 가서 물통에다 물을 받아온다. 물통이라야 한 말 들이 플라스틱 통이니까 한 번 받아오면 삼사 일 정도는 우리 다섯 식구가 넉넉히 마실 수 있다. 식수로만 사용하기 때문이다.

생수가 떨어졌다 하면 산에 올라가서 물통에 물을 받아 짊어지고 내려온다. 생수를 받아오는 일은 이제 나에게는 피할 수 없는 짐이 된 셈이다. 수돗물마저 썩었다느니, 악취가 난다느니 하고 야단법석들이니 어쩔 수 없는 노릇이기도 하다.

물을 받아다 마실 만한 약수터치고 붐비지 않는 곳이 없다. 남자, 여자, 어른, 애 할 것 없이 물통을 얼러 메고 모두들 꾸역꾸역 약수터로 모여드는 것이다. 물통을 즐비하게 늘어놓고 온통 아우성들이다. 한 시간도 좋고 두 시간도 좋고 물 한 방울이 아까울세라, 마냥 기다렸다가 받아야만 한다.

맑은 공기 속에서 땀 흘리며 시원한 물을 마시는 것이 건강에 좋다고 산에 오르기는 해왔지만, 그것도 이제는 헛일이다. 아마 식수 전쟁 선포도 없어서는 안 될 일인가 보다. 왜 세상 살기가 그토록 짓궂어져 가는지 모르겠다.

산속 인심이 좋다고들 하지만 약수터 인심을 대하면 옛말이 되고만 것 같다. 약수터에 물을 기르려고 온 사람 중, 누구에게도 양보의 미덕이라곤 눈곱만치도 찾아볼 수가 없다. 자기도 모르는 사이에 누구나 기다리는 마음의 여유가 모두 삭아버린 탓일까. 때로는 험악한 분위기마저 감돌게 되기도 한다. 미처 물통을 빨리 대지 못해 물을 그대로 흘려보내면 사람을 기다리는 뒷사람들은 마구 욕설까지 퍼부어대니 말이다.

물을 기를 욕심으로 산에 오른다면 그건 이미 건강 문제와는 거리가 멀리 떨어진 게 아닌가. 유치하고 더러운 물싸움이기 때문이다. 거기에다 물 한 통을 받기 위해 두세 시간 이상씩이나 기다려야 된다면 그건 보통 고역이 아닐 수 없다. 예전보다 아무리 살기가 좋아졌다 하더라도 그래 식수 때문에 고역을 치른다면 어찌 살기 좋은 세상이 되었다고 할 수 있겠는가.

수돗물은 그냥 마실 수도, 또 끓여 마실 수도 없다고 야단들이다. 얼마나 인심이 사악해졌으면 흐르는 물까지 썩힐 수 있을까. 정말 더럽게 썩어가는 세상이니 그저 한없이 안타깝기만 하다.

마실 물이 떨어졌다고 오늘은 꼭두새벽부터 아내의 성화가 빗발친다. 어쩔 수 없이 또 나는 물통을 얼러 메고 약수터로 향하지 않으면 안 된다. 약수터에 오르는 시각은 물론 일정치 않다. 학교 강의 시간이 없는 날에는 대낮도 좋고 저녁때도 좋다. 오늘만은 아침에 마실 물이 없다니 예외이다.

새벽 다섯 시밖에 안 되었다. 이렇게 일찍 떠나면 바로 물을 받을 수 있을 것이다. 모처럼 한 번 새벽을 열어 싱싱한 샘물을 받아보겠다고 나는 서둘러 집을 나섰다. 주택가 골목길을 한참 벗어나 약수터로 가는 산길로 접어들었다. 그런데 벌써 저만치 산 위로 대여섯 사람이 나보다도 앞서 오르고 있다. 야호 소리가 산속의 정적을 가른다.

나는 발걸음을 재촉했다. 기왕에 물을 받으려고 떠난 이상, 물싸움의 불똥을 피할 수는 없지 않은가. 저 사람들을 앞지르지 않으면 시간이 너무 많이 걸릴 것 같았다. 약수터까지는 삼십여 분 정도 올라가야 한다. 나는 뛰다시피 빨리 걸었다. 무척 숨이 차다고 발걸음을 늦출 수는 없다. 기다릴 것을 생각하면 오로지 저기 앞에 가는 사람들을 따돌려야만 한다.

느닷없이 나는 짓궂은 경쟁심을 발동시킨 것이다. 여유를 가지고 산에 오르던 느긋한 마음은 오도간 데가 없다. 오직 조금이라도 덜 기다려서 물을 받아야 되겠다는 생각만 들었던 것이다. 이미 앞서 가는 사람들을 따놓아야 되겠다는 뜻을 품었으니, 부득이 저 사람들을 앞질러 가지 않으면 안 된다. 발걸음은 더욱 빨라질 수밖에 없다.

기어코 나는 약수터를 삼십여 미터 앞에 놓고 그들을 따라 잡을 수 있었다. 따라 잡고 나니, 이제는 너무나 지친 탓인지 나 스스로 기진맥진해지고 말았다. 따돌렸다는 안도감과 함께 힘이 쭉 빠졌다.

갑자기 발걸음이 느려진다. 완전히 탈진 상태가 된 것이다. 아무리 보폭을 넓게 떼어 놓으려 해도 마음대로 되지 않는다. 마음만 급하게 되었을 뿐이다. 그렇다고 여기까지 와서 경쟁을 포기할 수는 없는 노릇 아닌가.

하기야 나에게 뒤처진 사람들이라고 따돌린 나를 편안한 마음으로 보아줄 리가 없다. 내가 자기들을 따돌린 생각을 가졌던 것처럼 그들도 또한 나를 따돌릴 생각을 왜 가지지 않았겠는가.

그들도 가쁜 숨을 몰아쉬었다. 그러나 젖 먹던 안간힘을 다하기라도 하듯, 우리는 끝까지 발걸음을 재촉했다. 약수터에 도착한 시각은 네 사람이 거의 같았지만, 그래도 내가 한 발 빨랐다. 내 물통은 맨 끝에서 네 번째로 놓이게 되었다. 결과적으로는 네 사람을 다 따돌리게 되고 만 셈이었다.

그래도 내 물통 앞으로 즐비하게 놓인 물통들은 어림잡아서도 삼십여 개가 족히 되었다. 나까지 물을 받자면 아마도 한 시간 반은 넉넉히 걸릴 것이다. 기다릴 걸 생각하니 한숨이 나왔다. 죽자 사자 앞선 사람들을 따돌려 봤댔자 결국 기다릴 것은 뻔한 일 아닌가. 따지고 보면 그 사람들보다 한 십여 분 덜 기다리겠다고 그토록 어리석게 경쟁을 벌였던 것이다.

'어리석은 경쟁.'

그렇다. 나는 남모르게 기진맥진해서 현기증마저 느꼈다. 화사한 봄날의 아름다운 색깔, 소리, 향기, 맛, 자태, 변화의 섭리를 송두리째 잃고 만 것이다.

우리는 또한 이러한 어리석은 경쟁 때문에 얼마나 다른 사람들의 마음을 아프고 병들게 만드는가. 그들 몇 사람에게조차 즐거움을 주지 못한 나의 얄팍한 행동이 못내 수치스러워지는 것이다.

잠시나마 비굴한 욕심을 품고 말았던 내 자신이 미워진다. 남의 마음을 상하게 하는 것도 죄악이라면 서글픈 일이 아닐 수 없다. 다시는 그러한 어리석은 경쟁을 벌이지 말 일이다.

산나물 맛

내 주위 사람들 가운데도 음식을 타박하는 사람이 더러는 있다. 맛있다고 소문난 음식점을 일부러 찾아가서도 툭 하면 맛이 있네, 없네 하고 트집을 부리는 경우가 없지 않다. 자기 집에선 오죽하랴. 음식 투정하는 사람들이 나에게는 다시 쳐다보이기도 한다. 남에게까지 비위를 건드려 입맛을 가시게 만들기 일쑤기 때문이다.

음식점에 가서도, 갖다 놓은 음식 중에 맛있는 것만 골라 먹으면 될 일이다. 맛이 없어 손 가기도 싫은 음식은 굳이 타박할 필요가 없다. 제 입만 입이 아니잖는가. 사람마다 입맛이 같으란 법도 없는 노릇이다. 그렇다면 막말로 다시는 그 집엘 안 가면 그만 아닌가.

실없이 변덕을 떨어봤자 사람 체통만 우습게 만들 뿐이다. 변덕스러운 사람치고 음식 맛에 말 많지 않은 사람도 드물다. 맛을 가지고 좋다, 나쁘다 떠들어대는 건 곧 그 음식 맛 탓하는 게 아니라 사람까지 좋다, 나쁘다 떠들어대는 거와 다를 바 없다. 음식 타박은 개성이 강하다는 것과 거리가 멀다. 어디까지나 그것은 교양의 문제요, 인격의 문제이기도 하다.

좀 달면 단 대로, 좀 쓰면 쓴 대로, 좀 짜면 짠 대로, 좀 싱거우면 싱거운 대로, 좀 시면 신 대로, 좀 풋내 나면 풋내 나는 대로 눈 딱 감고 먹어주면 그것도 삶의 한 예절이 아니겠는가.

예절로 따지자면, 만들어놓은 음식을 맛있게 먹어주는 것이 가장 좋은 예절일 수도 있다. 만든 사람의 성의를 생각해서라면 더욱 그렇다. 먹는 사람이 군말 없이 맛있게 먹어준다는 건 음식을 차린 사람의 입장에선 더없이 기쁜 일이 아닐 수 없다.

동양 고전에도 식탁 예절을 집약시킨 '식불언(食不言)'이란 말이 있다. 우선 먹을 때 되도록 말을 많이 하지 말자는 말이다. 그 말 역시 음식 만든 사람의 정성에 보답하기 위해서라도 열심히 먹어줘야 한다는 예절 때문에 생겨난 말이 아닐까 싶다.

식사 예절까지 거론한다면 거론하는 그 자체가 퍽 쑥스러운 일이 될지도 모른다. 그만큼 제 입맛에 맞는 음식만 골라 먹고도 여유롭게 살 수 있는 세상이 되었기 때문이다. 입맛 이기주의라고나 할까. 입맛 이기주의는 외식(外食)문화가 발달하는 걸 보면 잘 알 수 있다. 허기야 제 입에 맞는 음식을 즐긴다는데 누군들 말할 사람이 있겠는가.

그렇지만 맛 좋다고 이름난 요릿집을 찾아가도 값만 되게 비쌀 뿐이지 사실 먹을 건 별로 없다. 사람마다 요즘은 먹는 음식 양이 많지 않다고 하는 게 맞는 말일 것이다. 한식, 일식, 양식, 뷔페로 소문난 집에 간들 얼마나 먹을 수 있겠는가. 괜히 폼 잡고 어느 어느 유명 음식점에서 식사 한 번 했다는 허세치레나 떨겠다면 몰라도 말이다.

문제는 다만 사랑을 쏟아 빚는 솜씨와 정성이 우리네 가정으로부터 사라져가는 게 아쉬울 뿐이다. 음식은 정성을 쏟은 만큼 제 맛을 내게 된다. 재료나 솜씨가 아무리 좋다고 해도 정성이 들지 않으면 맛이나 맛깔이 다 틀릴 수밖에 없다. 특히 간장, 된장, 고추장 요리에 채식을 즐기는 우리나라에서는 그런 걸 더없이 느끼게 된다.

난 식품영양학에 대해서는 아무 것도 모른다. 아무 것이나 가리지 않고 적당히 먹는 편이다. 뭔 먹고 뭔 안 먹고 하는 식성이 아니다. 세상에 나올 때부터 음식을 가려먹을 만큼 사치스런 식성을 난 타고나질 못한 것 같다. 그렇다고 가려먹는 걸 부럽다거나 행복하게 여긴 적도 한 번도 없다. 뭐든지 좋아하고 잘 먹는 걸 식도락으로 알고 살아온 셈이다.

그런데 며칠 전에 나는 뜻밖에도 별미(別味)를 터득하고 식도락을 즐긴 일이 있었다. 난생 처음으로 맛깔스럽고 맛진 음식 맛을 느꼈던 것이다. 그때 그 향기로운 미각(味覺)을 도저히 잊을 수가 없을 것 같다. 내가 잊기 어렵다는 그 향그러운 별미란 바로 산나물 맛이었다.

오월 중순 토요일 아침, 전화벨이 울렸다. 이천시 신둔면에 사는 처제의 목소리임을 단박에 알아차릴 수 있었다.

"처제? 반가워! 잘 있었어?"

"형부, 안녕하셨어요? 언니도 안녕하시죠?" "그럼! 그쪽도 다들 편안하지? 언니 바꿔 줄까!"

"아녜요, 형부. 오늘은 형부, 강의 없으시죠? 오늘 언니 하고 함께 저희 집에 오실래요? 오셔서 점심이나 같이 드세요." "점심? 그거 좋지. 본진 아빠, 술 여전한가? 무슨 술을 준비할까?" "형부, 그이가 형부 드린다고 술도 벌써 담가놓았어요. 그냥 내려오세요."

"언니 데리고, 이따가 내려갈게. 그럼 잘 있어, 처제!"

내 마음에는 아름다운 파문이 인다. 마냥 즐겁다. 부담 없이 보고파하고 부담 없이 만나고 부담 없이 반가워하는 게 사랑과 인정이 아닐까. 아주 작은 사랑과 인정이라도 진실만 하다면 우리는 기뻐하고 느꺼워하게 마련인가보다.

집에서 10시 45분에 출발했다. 벌써 신록의 내음이 싱그러운 계절이다. 신둔면 수광리 차도에서 서남쪽 학암, 용면 저수지 방향으로 약 1.7킬로미터 정도 떨어진 곳에 처제네 집이 있다. 용면산 기슭에 자리잡고 있는 외딴집이다. '다보도예' 표지판을 따라 솔밭 길을 달리면 된다.

"다보도예!"

동서 되는 사람은 십삼 년째나 전문직으로 몰두하고 있는 도예가이다. 예술가적 기질을 타고난 탓인지 그는 그리고 칠하고 만들기를 끝없이 즐긴다. 그는 또 한없이 인간들을 좋아하고 사랑하는 장점과 단점을 함께 지닌 인물이기도 하다.

열두 시 정각에 도착했다. 맑고 환한 얼굴로 인사를 나눈 뒤, '다보도예' 건물 화단을 둘러본다. 새빨갛게 피어 있는 꾀꽃이 있다. '화초 양귀비꽃'이란다. 요염하기 그지없는 꽃이다. 여자의 빠알간 입술 모양 그대로이다.

겉잎 네 개, 속잎 네 개, 속잎 안쪽으로 노오란 무늬가 있고 그 무늬 위에는 까뭇까뭇한 반점이 하나씩 붙어 있다. 그리고 속잎 한 가운데는 새까만 꽃술 대여섯 개가 독(毒)을 품고 있는 듯, 버티고 서 있다. 천하일색 양귀비의 요염한 매력이 어떠했는가를 가히 상상할 만하다. 저 요염한 '화초 양귀비꽃'을 도자기에다 그려 넣으면 얼마나 아름다울까.

삼백여 점의 도자기 전시장에 들어선다. 콧속을 파고드는 유약 냄새가 상큼하다. 크고 작은 도자기들이 각양각색이다. 어쩌면 저리도 예쁜 모양들일까. 아마도 저 모양들, 저 색깔들은 자연의 섭리에서 얻어진 한 인간의 혼이요, 마음이리라. 말고 부드럽고 따뜻한 작가의 체취가 은은히 감도는 전시장이다. 예술은 마땅히 길이 남아야 하리라는 생각이 문득 들기도 한다.

'점심시간!'

마침내 처제의 전갈로 우리 네 사람은 6인용 식탁에 모여 앉았다. 초등학교에 다니는 본진이, 본선이는 좀 더 있어야 온단다. 나물류들이 예쁜 공기에 정갈하게 담겨 있다. 나물찬들은 산나물이 주종이다. 국은 배춧국이다. 된장 냄새가 구수하다. 찬 색깔도 더덕구이와 도라지무침, 그리고 고추장을 제외하고는 모두가 녹색 산나물들이다.

산나물들이 그토록 다양한 줄은 몰랐다. 어제 처제가 하루 종일 집 뒷산에서 손수 뜯은 것이란다. 돈나물, 취나물, 멱취-떡취-가염취나물, 뚜깔나물, 돌미리나물, 질경이나물, 고들빼기나물, 혼잎나물, 두릅나물, 싸리순나물 등이 자기 접시에 담겨져 가지런하다. 끓는 물에 슬쩍 뒤쳐, 정성들여 맛깔나게 무친 산나물들이다.

내 앞에 놓인 식탁은 바로 인공식품 아닌 자연식품의 전시대이다. 상차림도 예술인가 보다. 위대한 예술이 자연이듯이 자연의 산물로 빚어낸 상차림은 훌륭한 예술품이 아닐 수 없다. 위대한 예술품은 작가의 영혼과 정열을 요하는 것이다. 사랑과 정성을 쏟지 않고는 위대한 맛을 풍길 수 없다.

연신 군침이 흐른다. 한 젓갈씩 한 젓갈씩 입속에 넣어 씹을 때, 뱃속으로 흘러드는 그 담박한 감칠맛은 말로는 다 이를 수가 없다.

'산나물 맛!'

자연식품인 산나물의 이 담박한 감칠맛이야말로 곧 한 여자의 영혼과 정열, 사랑과 정성으로 빚어낸 천하일미가 아니고 무엇이겠는가. 삶의 기쁨을 새삼스러이 실감하게 된다.

그쯤 되면 음식 투정이 필요악이랄 수 있을까.

자연환경의 오염

아마, 1960년대 말까지 꼽아도 좋을 겁니다. 그때까지만 해도 좀 가난했던 게 걱정이었지, 사실 자연환경의 오염 문제 때문에 걱정할 일은 아무것도 없었습니다.

물을 마셔도 흐르는 물이라면 아무 물이나 거의 다 마실 수 있었습니다. 웅덩이 물은 말할 것도 없고 심지어는 볏논의 논의 논물까지도 마실 수 있었습니다. 냇가에서는 모래를 가지고는 양치질을 할 수 있었습니다.

메뚜기를 잡아, 볶아 먹던 시절이 그립습니다. 얼구미(어레미의 경기도 방언)만 가지고 나가서도 민물고기를 한 종다래끼씩 잡던 시절이 그립습니다. 천렵할 생각이면 으레 고추장 그릇을 달고 다녔습니다. 고기를 잡으면 즉석에서 배를 따가지고 고추장을 찍어 먹었습니다. 회쳐서 먹는 물고기는 뼈도 연하게 잘 씹혔습니다. 민물고기 회가 그렇게 고수울 수가 없었습니다.

산에서도 깨끗한 자연과 벗하는 마음은 다를 바가 없었다 하겠습니다. 오솔길을 누비면서 진달래 먹고 산새알 줍던 시절이 너무너무 아름답습니다. 산딸기, 멍석딸기에 호주머니가 온통 시뻘겋게 물들기도 했었습니다. 머루와 다래 열매를 먹다가 땡삐에 쏘여 눈두덩이 주먹만하게 부어오르기도 했었습니다. 그 볼썽사나운 얼굴에다 장떡을 철커덕 붙여 냄새를 풍기던 생각을 하면 웃음이 절로 솟습니다.

그때의 물고기나 새들은 참으로 순진했던 것 같습니다. 바보같이 여겨지기도 했습니다. 물고기는 손으로 움켜잡기도 했고, 통발, 작살 또는 파리낚시로도 잡아낼 수 있었으니 말입니다.

참새나 뮛새들도 마찬가지였습니다. 새집에다 전지를 쫙 비추면 눈만 말똥말똥거렸지 달아날 줄을 몰랐습니다. 그러면 손을 넣어 새를 잡았습니다. 환한 대낮에도 새그물을 늘여서 새들을 잡기도 했습니다.

모두가 다 때묻지 않은 자연에 대한 아름다운 추억들입니다.

그런데 20여 년이 지난 지금, 그런 아름다운 자연환경이 날로 오염, 훼손, 파괴되어 가고 있는 현실에 우리는 그저 아연경악하고 실색할 뿐입니다. 산은 산대로, 들은 들대로 내는 내대로, 강은 강대로 중병을 앓고 있기 때문입니다.

산새가 쉴 수 없는 산이라면 사람들도 쉴 수 없답니다. 물고기가 놀 수 없는 시냇물이라면 사람들도 마실 수 없답니다. 극심하게 오염되고 훼손되고 파괴되어 간 자연이 결국 인간의 생명까지 위협하기에 이른 셈입니다.

자업자득이라고나 할까요, 인과응보라고나 할까요? 아니, 인간의 업고라고밖에 말할 수 없을 것입니다. 사람이 베푼 악의 결과가 아니겠습니까? 자연에 대한 인위(人爲)를 철저히 배제하고 무위(無爲)를 철저히 주장한 도가사상(道家思想)이 얼마나 의미심장한가를 가히 짐작할 만합니다.

인간의 손길, 발길이 미치는 곳이면 어딘들 성한 데가 없습니다. 수려한 산수경관도 사람의 발자취가 닿다 하면 곧바로 오염, 훼손, 파괴되어 가는 것입니다. 아름다운 자연환경이 오물, 쓰레기로 몸살을 앓는다면 그것이 다 누구 탓이겠습니까. 계곡이나 하천, 댐이나 강물이 마구 흘려보낸 생활하수나 공장폐기물, 축산오물이나 산업쓰레기로 썩어가고 있다면 그것이 모두 누구 때문이겠습니까.

경치가 좀 빼어난 곳이라면 그대로 보존되기 어려운 것이 현실입니다. 행락인파로 붐비고 그들이 떠나간 자리는 온통 쓰레기투성이가 돼버리고 맙니다. 인스턴트 음식으로 생겨나는 포장지나 비닐봉지, 빈병이나 깡통, 플라스틱 등의 방기량도 엄청나게 늘어가고 있습니다.

거기다가 식수원을 온전하게 보존하기가 어려운 현실이라면 자연환경의 오염도가 얼마나 심각한지 짐작하고도 남을 법합니다. 생활하수나 축산 오물, 공장폐수나 산업쓰레기 때문에 흐르는 강물에서도 물고기들이 떼죽음을 당하는 걸 목격하게 될 때, 그 충격은 말로 다 이루 표현할 수가 없습니다.

인심의 변화는 참으로 가늠하기 어렵습니다. 도덕성이나 준법성의 실종은 인심 변화의 좋은 보기가 아닐 수 없습니다. 고약해져 가는 인심이 정말 안타깝기만 합니다. 자연만큼 참되고 착하고 아름다운 것도 이 세상엔 또 없습니다. 맑고 깨끗한 자연은 맑고 깨끗한 인간 심성의 거울이기도 합니다.

맑고 깨끗한 자연을 아프고 병들게 한다는 건 곧 사악한 인간 심성의 반증이기도 합니다. 자연을 아프고 병들게 한 결과가 얼마나 무서운 형벌로 우리에게 닥쳐오는가를 모를 사람이 누가 있겠습니까.

우리가 지켜야 할 법 가운데, '자연환경법'이란 것이 있습니다. '자연환경법'의 취지는 한 마디로, 자연을 병들게 하지 말자는 것입니다. 자연보호의 차원은 곧 인간생명 보존의 차원과 그 의미를 같이 한다고 하겠습니다. 인간이 먹고 마시고 숨 쉬고 활동하고 잠자고 휴식하는 곳이 바로 자연이기 때문입니다.

하지만 '자연환경법'의 제정은 곧 인간이 자연을 병들게 만든 결과라는 점에서 안타깝기 그지없습니다. 결국 인간의 심성이 사악하고 포악하기 때문에 자연이 중병에 신음하고 있는 게 아니겠습니까.

인간 사회가 부패하면 부패할수록 그만큼 참된, 착한, 아름다운 자연을 학대하게 되고 말없는 자연을 학대하면 학대할수록 그 인간 사회도 그만큼 흉흉해질 수밖에 없습니다.

따라서 중요한 것은 사람마다의 인간다운 마음가짐입니다. 자연을 사랑하고 아끼고 존중하는 마음가짐입니다. 아름다운 자연을 회복시켜갈 때, 우리는 더욱 복된 삶을 보장받을 수 있을 것입니다.

힘든 일을 하는 보람

고향을 떠나 살게 된 지가 벌써 20년이 훨씬 넘는다. 그래도 고향은 늘 그리운 곳이요, 포근한 곳이요, 정 깊은 곳이다. 눈 감으면, 멀리서 다가오는 추억들. 어린 시절, 소년 시절, 아름다운 추억들이 파도치는 마음 깊은 향수를 가눌 길이 없다.

농번기!

고향 사람들은 쨍쨍 내리쬐는 뙤약볕 아래서 구슬땀을 뻘뻘 흘린다. 모내기철엔 일손을 구하기가 별 따기만큼이나 어렵단다. 낸들 무슨 큰 도움을 줄 수 있겠는가마는 그래도 아쉬운 일손 부족에 왜 아니 보탬이 되지 않겠는가. 농촌의 바쁜 일손을 돕자는 생각으로 고향엘 달려간다.

낫으로 혹은 삽으로 모판을 든다. 요령을 익히면 큰 힘을 들이지 않아도 모판이 잘 떠진다. 물논에서 모판을 나른다. 물먹은 모판을 포개어 들기도 한다. 모판 모서리를 아랫배에 슬쩍 걸쳐 들면 운반하기가 쉽다. 경운기나 트랙터에 실어주고 다시 또 내려준다. 논두렁에 갖다 놨다간 이앙기로 전달하기도 한다. 비료도 뿌리고 제초제, 농약도 뿌려준다.

땀방울이 뚝뚝 떨어진다. 눈 속으로 흘러든다. 눈이 쓰라리다. 손등으로 문지른다. 옷소매 깃으로도 쓱쓱 닦아내기도 한다. 팔다리도 아프고 허리도 아프다. 물논을 들락거리다 보면 발등도 따끔따끔해진다. 발바닥이 아프면 걷기도 힘들어진다. 하지만 참아낸다.

설악산을 오르고 지리산을 오르고 한라산을 오를 때도 땀이 많이 났었다. 무거운 배낭을 짊어지고 높은 산꼭대기에 오르는 것도 몹시 힘든 일이다. 한 발짝도 거 떼어놓기 싫을 때가 얼마나 많았던가. 숨이 콱콱

막혀 그 자리에 주저앉고 싶은 때가 얼마나 많았던가. 그래도 참고 견뎌냈었다.

세상에 힘들지 않은 일은 없다. 그 가운데서도 농사가 가장 힘든 일이라고 싫어들 한다. 일손이 부족하기 때문이다. 힘이 부치기 때문이다. 소득이 없기 때문이다. 땅값이 없기 때문이다. 하나같이 농사는 수지타산이 맞지 않는단다.

농사가 어쩌다 그토록 천대받는 일이 되고 말았는지 모를 일이다. 어떻게 농사를 짓겠는가. 힘이 부치는데 누가 일을 하겠는가. 소득이 없는데 무슨 재미가 있겠는가. 땅값이 없는데 어디다가 희망을 걸겠는가. 죽어라고 일해봤자 뼛골만 빠질 일이란다.

물론 욕심껏 따지자면 농촌의 어려움을 이해 못할 바 아니다. 위정자를 탓할 수도 있고 농정당국을 욕할 수도 있다. 대책 없는 농산물 개방을 비난할 수도 있다. 국제수지의 균형조차 바로잡지 못하는 경제정책에 분노할 수도 있다. 노동정책의 빈곤으로 말미암는 사회적 부도덕성을 규탄할 수도 있다.

노동력 대가의 형평이 이루어져야 한다. 중농정책의 비전을 과감히 실천해야 한다. 수입 농산물의 규제 원칙을 철저히 수립해야 한다. 농산물 개방에 맞설 농업기술 진흥에 박차를 가해야 한다. 산업개발에 다른 절대농지 규제를 해제시켜야 한다. 농산물 가격 현실화에 파격적 지원 정책을 전개해야 한다.

그러나 무엇보다도 더 중요한 문제가 있다면 그것은 근로의 정신이다. 근로의 정신은 국민 모두의 내부적인 문제이다. 땀 흘려 일하는 사람만이 옳게 살 수 있다는 철학이기도 하다. 마땅히 할 일을 해내고 마는 올바른 인생관이 확립되어야 한다. 너나 할 것 없이 열심히 일하는 사회 풍토가 조성되어야 한다.

힘들기 때문에 우리에겐 오히려 인내하는 기쁨, 추진하는 기쁨, 정복하는 기쁨, 성취하는 기쁨, 수확하는 기쁨, 창조하는 기쁨 같은 것이 더 큰 게 더 큰 게 아닐까. 노동이 신성하다는 말은 의미심장한 말이다. '농자 천하지 대본야!'란 말도 노동의 신성성을 인정할 수 있는 까닭에서 연유되었음직하다.

흙만큼 착한 것이 세상에 또 있을까. 흙만큼 의로운 것이 세상에 또 있을까. 흙만큼 예바른 것이 세상에 또 있을까. 흙만큼 슬기로운 것이 세상에 또 있을까. 흙만큼 믿음직스런 것이 세상에 또 있을까. 흙을 떠나서 우리는 더불어 존재할 수 없다.

젊은이들에게 나는 흙을 사랑하라고 외치고 싶다. 농촌으로 돌아가라고 호통치고 싶다. 그리고 흙에다 땀방울을 쏟으라고 권장하고 싶다.

힘든 일을 모르면서 어찌 큰일을 할 수 있겠는가. 힘든 일을 하지 않으면서 어찌 가정, 이웃, 사회, 국가를 사랑한다고 말을 할 수 있겠는가. 땀 흘리는 일의 보람을 아는 자만이 진정 소중한 삶의 가치를 따질 수 있으리라.

함께 일하고 함께 쉬는 기쁨

농번기가 되면 농촌은 더없이 바쁘다. 눈코 뜰 새 없이 이리 뛰고 저리 뛰어야 한다. 못자리판 설치에서부터 벼를 털어 들일 때까지 농부들의 바쁜 일손은 한없이 고달프다.

요즘 농촌에서는 남자나 여자나 할 것 없이 젊은이들이 모두 도시 아니면 회사, 공장같은 데로 다 빠져 나가, 동네가 텅 빈 것 같다. 자식을 여럿 둔 농가일수록 더 일손이 아쉬워 허전해하는 느낌이다. 농사짓기를 싫어해서 회사, 공장에 다니는 젊은이들은 결혼을 해도 대부분 고향을 더나 저희들 직장 근처에다가 방을 얻어 따로 산다.

농촌에 상주한다는 사람들은 기껏해야 어린이, 학생, 그리고 농사 일로 잔뼈가 굵은 노인층들이다. 일손이 부족한데다 힘까지 부치니, 그들에겐 나이를 더 먹어 갈수록 농사가 더 고달프고 괴로운 일이 아닐 수 없다.

옛날 지게나 쟁기, 호미, 두레박으로 짓던 농사에 비하면 오늘날 농사짓기는 얼마나 편해졌는지 모른다. 그전처럼 뼛골 빠지는 일도 별로 없다. 경운기, 이앙기, 트랙터, 컴바인 같은 농기계의 위력이 대단하다. 몇십 명의 일꾼들이 매달려야 될 일을 농기계로는 단시간 내에 해낼 수 있기 때문이다. 농기계가 없으면 지금은 아예 농사할 생각조차 먹기 어렵다.

농촌에도 이젠 집집마다 거의 농기계를 가지고 있다. 직접 농기계도 조작할 줄 알아야 한다. 농사철이 되면 집집마다 농기계를 끌고 나가 자기 집 일들을 한다. 가족 단위로 농사일을 하는 것이다. 가족 단위를 넘어서면 겨우 두서너 집씩 집안 단위로 일들을 끝내고 만다.

기계의 영농화는 가족 단위의 영농화를 불러왔다. 영농의 이기심이라고나 할까. 자기 집 일이 다 끝나면 다른 집 일이 아무리 바쁘고 애탄다 하더라도 머언 산불 보기다. 팔짱을 끼고 놀면 놀았지 남의 일은 거들떠보지도 않는다.

한동네 살면서도 품을 판다든가, 품앗이를 한다든가 하는 경우는 거의 없다. 인정상 부득이한 경우를 빼놓고는 남너러 사기 집 일을 와서 해달라고도 말을 꺼내지 못한다.

일당으로 받는 돈이 똑같으면 동네 안에서 굳이 힘든 일을 할 이유가 없다는 것이다.

동네 밖으로 나가면 힘 덜 들이고 담 덜 흘리며 할 수 있는 일이 얼마든지 있단다. 그런데 무엇 때문에 일 잘한다, 일 못한다 하고 동네에서 공연히 남의 입김에 오르내리며 애써 일하겠느냐는 것이다.

토지가 많은 사람이나 적은 사람이나 일손을 따지자면 비슷하다. 오히려 토지를 적게 가지고 있는 사람이 노동력은 강한 편이다. 분가를 한 지가 얼마 안 되었다던가, 나이가 적은 탓에 기계를 더 능률적으로 부린다던가 하기 때문이다. 따라서 같은 기간 내에는 토지를 적게 가지고 농사를 짓는 사람이 토지를 많이 가지고 농사를 짓는 사람보다 훨씬 여유 있는 일손을 활용할 수 있게 된다.

그러나 우리 농촌이 지금 안타깝게도 협동정신의 중요한 의미를 자꾸 잃어가고 있다는 데에 큰 문제가 있다. 영농의 기계화 탓일까, 영농의 이기심 탓일까, 아니면 그만큼 살기가 좋아져서일까. 농민들의 여유로움은 점점 찾아지기가 어렵게 되어 가고 있다.

집집마다 가족 단위로 농사일들을 하기 때문에 일하는 기간도 더 길어지고, 일손도 훨씬 바쁘다. 기계의 힘을 빌려 옛날보다 힘이 덜 든다고 여기면서도 오히려 더 괴로워하고 짜증을 낸다. 그 까닭은 결국 여러 사람이 함께 일하고 함께 쉬는 즐거움을 실종당했기 때문이 아닐까.

농사일같이 아마 여러 사람의 협동적인 노동력을 필요로 하는 일도 없을 것이다. 같은 시기 안에 해낼 일이라면 각자 자기 집 일을 개별적으로 따로따로 할 것이 아니라, 얼마든지 두레를 짠다든가 반짜위를 해서라도 여러 사람이 함께 일하고 함께 쉴 수 있을 것이다.

토스토예프스키는 작품 『죽음의 집』에서 사형수들이 힘을 합해 열심히 일하는 모습을 생생하게 그리고 있다. 그들이 협동적으로 해내고 있는 일들은 다지고 보면 다 아무런 가치도 없는 일들이요, 헛된 일들이다.

땔나무를 장만키 위해 웃옷을 벗어부친 채, 땀방울을 뚝뚝 흘리며 낡은 배 하나를 열심히 때려 부순다. 하지만 땔나무 같은 것은 사형수들이 그토록 땀을 흘려 장만하지 않더라도 그 지방에서 얼마든지 그냥 공짜로 얻어올 수 있는 것이다.

사형수들도 그러한 사실을 뻔히 알고 있다. 그렇기 때문에 그들은 아무런 희망도 없이 온종일 정말 헛된 일만을 하고 있는 셈이다. 그러나 중요한 것은 그들에게서 아무런 가치 없는 근로를 통해서도 때로는 인간적 존재의 본질이 아주 잘 나타나고 있다는 사실이다.

일정한 일을 그들은 힘을 합하여 아무 목적도 없이도 매우 힘차고 쾌활하게 해내고 있다. 왜냐하면 그들은 하루 동안 해야 할, 정해진 일을 끝내면 다 함께 똑같이 한 시간 가량을 쉴 수 있기 때문이다. 똑같이 그 한 시간 가량을 쉴 수 있다고 하는 생각이 바로 그들로 하여금 정해진 일을 다 함께 힘차고 쾌활하게 해낼 수 있도록 한다는 것이다. 그리고 모두가 그 일을 빨리 하자는 대로 의견을 일치시킬 수 있다는 것이다.

아주 작은 기쁨을 위해 협동적으로 열심히 일을 한다는 사실에 우리는 흥미를 갖지 않을 수 없다. 일의 즐거움은 여러 사람이 힘을 합하여 해내는 그 과정 자체에 있는 것이지, 거기에서 얻어지는 결과에만 있는 것이 아니다. 어떤 일을 깊이 따지고 생각하고 계획한 다음에 실행한다고 하는 그 일의 협동 과정은 이익을 목적하고 기대하는 결과보다 훨씬 더 의미가 클 수도 있기 때문이다.

알랭[1]도 그의 『행복론』[2]서 이런 말을 하고 있다. "최대의 인간적 기쁨은 여러 사람이 서로 협동해서 어떤 일을 열심히 해나가는 그 과정에 있는 것이다."라고. 알랭의 말은 곧 여러 사람과의 그 협동적인 근로 과정이 그만큼 즐겁다는 사실을 단적으로 알려주고 있다.

물론 농사를 짓는다는 건 무척 힘들고 괴로운 노동이다. 그렇다고 함께 일하고 함께 쉬는 기쁨마저 잃어 간다면 우리는 점점 삭막한 농촌의 삶을 살아갈 수밖에 없다.

농사짓는 사람은 농사짓는 사람들만의 기쁨을 누릴 수 있어야 한다. 오랜 경험과 익힌 기술로 힘을 합하여 계획하고, 인내하고, 실행하면서

---

1) 본명은 에밀 샤르티에(Emile-Auguste Chartier)이며, 1868년 노르망디의 모르타뉴에서 출생하여 고향에서 엄격한 종교 교육을 받았으나 아랑송 중학으로 옮긴 후 무신론 사상으로 기울었다. 고등사범학교 졸업 후 루앙, 콩도르세, 앙리 4세 등 라세(고등중학교)에서 철학을 가르쳤다. 앙드레 모르와 시몬느 베이유는 그의 제자였다. 저서로는 『정신과 정열에 관한 81장』『예술론집』『행복론』『나의 사색의 자취』『종교론』『스탕달론』『발자크론』 등이 있다.

2) 알랭의 『행복론』은 19세기와 20세기에 걸쳐 활동했던 프랑스 철학자 알랭이 신문에 연재했던 칼럼 중에서 행복에 관한 단상들을 모아 엮은 것이다. 2016년 디오네 출판사에서 출간(변광배 옮김).

함께 땀 흘리는 즐거움을 맛볼 수 있어야 한다. 공동체 의식 속에서 더 불어 사는 삶의 기쁨을 되찾아 가야 한다.

무슨 일이든지 아무리 괴롭고 고달프더라도 여러 사람이 함께 일하는 동안에는 오히려 피로를 모르고 즐거움을 나눌 수 있기 때문에 우리는 땀 흘려 일하는 것을 신성하다고까지 말하지 않는가. 땀 흘려 열심히 일한 뒤, 완전한 휴식, 그리고 건강한 수면을 공유하게 될 때, 우리는 삶의 기쁨을 보다 더 크게 간직할 수 있을 것이다.

근로의 정신을 아는가, 모르는가.

인정을 모두고 인정을 발휘하는 마음이 마냥 그립고 아쉬울 뿐이다.

꽃반지 사랑

벌써 늦봄이다. 한국의 봄은 너무나 짧은 게 탈이다. 매화가 꽃망울을 터뜨리는가 싶었는데, 어느새 개나리, 목련, 벚꽃, 진달래, 철쭉, 라일락꽃들이 흐드러지게 피었다간 바람에 떨어져 뒹군다. 싸리꽃이 시들어가는 걸 보면 여름도 금방 올 것만 같다.

봄꽃나들이 한 번 못한 채, 금년 봄도 다 가는가 싶었다. 요즘은 행락철만 되면 너나 할 것 없이 밖으로만 내닫게 된다. 주말이 아니라도 행락 인파로 붐빌 곳은 다 북적거린다. 남들은 모두 그렇게 잘도 놀러 다니는데, 나는 주변머리 없게도 내 가족을 데리고 야외를 한 번 제대로 못 나간다.

늘 그렇게 살아온 셈이다. 놀러 다녀봤지만 뭐 그리 좋을 게 있나 싶어 망설이곤 하다가 기어코 그만 때를 놓치고 만다. 그렇다고 놀러 다니지 않는 걸 아쉬워하거나 후회하지는 않는다. 즐기는 걸 자랑삼아 나돌아 다니는 사람들을 나는 그렇게 좋아하지 않기 때문이다. 놀려고 세상에 태어난 건 아니잖는가.

봄철 행락 대신에 나는 아내에게 고향 나들이를 가자고 꼬셨다. 고향에 가서 조금이라도 바쁜 일손을 거들어 보고픈 마음에서였다. 공연히 바람 쐬러 다닌다고 차 끌고 여기저기 돌아다녀본들 심신만 피곤하지, 이로울 게 하나도 없다는 것이 나의 지론이기도 하다. 설사 힘이 들더라도 농촌 일을 도와주는 것만큼 값진 일도 더 없을 것이다.

눈코 뜰 새 없이 바쁜 농촌 사정을 피부로 느끼지 못하는 아내는 고향 나들인들 마달까 보냐 하고 선뜻 좋아라 했다. 한시라도 도심지를 벗어

나고픈 마음이야 누군들 왜 아니 없겠는가. 아이들처럼 들떠 있는 아내를 데리고 고향으로 떠났다.

시골에서 못자리 설치 때문에 일손이 있는 대로 필요했다. 사람이 많으면 많을수록 힘이 덜 드는 게 농사일이다. 더구나 못자리 설치는 어느 집이고 일시에 이뤄져야 함으로 아이, 어른 할 것 없이 모두 동원되어야 한다. 그래도 일손이 부족하니 안타까울 뿐이다.

아내와 나는 못자리를 만드는 긴 논 뜰로 나갔다. 기왕에 봄철 행락 대신, 나들이를 고향에 와서 하게 되었으니 농사일을 거든다는 건 당연하다. 뜻밖에 나타난 우리 내외를 보고는 집안 손위 사람들이나 손아래 사람들이 너무나도 반가워들 했다.

물론 그들이 우리에게 일을 한몫 거들 수 있으리라고는 기대하지 않았다 하더라도 그렇다고 우리가 농사일에 동참하지 못할 것도 없는 것이다. 다만 아내에게 미안하고 송구스럽다는 생각이 들었다.

모판을 나르는 일은 누구에게나 여간 힘든 일이 아니다. 무게 4~5kg 정도 나가는 모판들을 두세 개씩 포개어 가지고, 릴레이식으로 온종일 나르다 보면 팔다리가 띵띵 붓고 허리가 끊어질 듯 아파지는 게 보통이다. 노동 중에서도 상노동이 아닌가.

그런데 뜻밖이었다. 아내는 그 힘 드는 일을 아무 소리 없이 척척 해냈다. 아침나절에는 그나마 고무장화를 끼고 무논엘 들락거리더니, 오후가 되면서부터 아예 맨발로 논바닥을 왔다 갔다 했다. 농사라면 농(農)자(字)도 모르던 아내가 팔다리를 걷어붙이고 땀 흘리는 걸 볼 때, 나는 한편 놀랍기도 하고 한편 걱정스럽기도 했다.

하기야 서울 살림이라고 해서 무슨 일이든 힘이 안 들겠는가. 손빨래,

시장 보기, 도시락 싸기, 약수터 오르내리기 등 아내에게는 어쩌면 그렇게 그 힘 드는 일을 군말 한마디 없이 해낼 수 있는지 거룩하게까지 보였다.

200년 가까이 자란 오리나무 그늘 정자에다 들밥을 차렸다. 고시레 소리가 합창으로 터졌다. 십여 명의 일꾼들이 둘러 앉아 일밥을 먹었다. 묵은 무저리 짠지와 배추저리 김치의 짭짤한 맛이 일미였다. 시장기가 반찬이었는가 보다. 일밥 맛은 더없이 꿀맛 같았다.

막걸리도 한 대접을 곁들였다. 고팠던 배가 뿌듯이 불러왔다.

"반찬 없는 밥이라도 맛있게 먹고 물마시고 팔베개 베고 누웠어도 그 가운데에 역시 낙이 있다. 의롭지 않고서야 부자가 된다거나 귀한 몸이 된다는 건 내게 있어선 마치 뜬 구름 같은 것이다."

공자(孔子)의 말씀이다. 일리가 있을 법도 하다. 스스로를 넉넉히 여기는 마음일 것임이 틀림없다. 사랑하는 마음, 감사하는 마음, 정직한 마음은 스스로를 족히 여기는 마음에서 비롯되는 것이다. 어찌 요즘 사람들이 자족하겠다는 생각을 쉽게 할 수 있겠는가. 의롭지 않은 사람이 의로운 사람으로 치부되기 쉬운 세상 아닌가.

제대로 가지지도, 누리지도 못하는 사람에겐 자족한다는 것이 그리 쉬운 일이 아니다. 그런데 아내의 표정은 너무너무 맑고 밝아 보였다. 마치 유가(儒家)에서 말하는 지인 같기도 하고 불가(佛家)에서 말하는 보살 같기도 하다. 천일합일(天人合一)이나 사홍서원(四弘誓願)의 경지에 도달한 여인 같다고나 할까. 아내의 자태가 정말 그윽하기만 하다.

점심 뒤에도 논바닥에서 나는 아내와 함께 십여 명의 대열 속에 끼어 계속 모판을 날랐다. 무논이나마 아무데고 털커덕 주저앉아 쉬고 싶도록 허리가 아파오는 것을 견디며 열심히 일을 했다. 모두가 손을 잘 맞춰서인지 못자리판 설치 작업은 저녁 새참 때가 되니까 전부 끝날 수 있었다.

저녁 새참 때라지만 아직 한낮이었다. 그런데 하늘에는 시커먼 비구름이 몰려들고 있었다. 먹장구름이다. 바람도 몹시 거칠어지고 있었다. 아무래도 한줄기 비가 쏟아질 것만 같았다. 송골, 챙밑, 쑥논, 석석뿌리, 방아다리 등 여러 군데 논바닥에서는 아직도 못자리 모판에 비닐을 덮느라고 야단들이었다. 부족한 일손인데도, 협동이 이뤄지지 않는데서 오는 어려움을 한눈으로 볼 수 있는 정경들이다.

돌아가는 길에 송골 마늘밭 쪽으로 발걸음을 돌렸다. 발짝마저 띄어놓기 힘들어하는 아내를 등 뒤에서 밀며 앞산 중턱에 있는 밭으로 갔다. 마늘 포기포기 사이엔 명아주, 그리고 다른 잡풀들이 시퍼렇게 움돋고 있었다. 그걸 보고는 도저히 그대로 지나칠 수가 없었다. 호미를 가지고 가지 않았으니 맨손으로 뽑아낼밖에, 두어 시간 실히 마늘밭을 훔쳐냈다.

후두득 굵은 빗방울 떨어지는 소리가 들렸다. 급히 아내의 손을 잡아끌었다. 오늘 못다 하면 다음에 언제 내려와서 치우지 하는 느긋한 마음에서였다. 굵은 비는 가는 비로 바뀌었다. 겨우 옷 젖을 만큼 내리는 비였다. 빕사울로 질러오는 좀 빠른 길을 택했다. 비 맞으며 걷는 우리 두 사람만의 숲속 오솔길은 너무나 호젓했다.

밤나무, 도토리나무의 해묵은 낙엽을 헤집고 피어 있는 진달래꽃이 한층 더 선정적이었다. 나는 아내의 두 손을 마주잡고 멈칫 섰다. 바로 발밑에 예쁘게 피어난 '반지꽃'을 보았기 때문이었다. '반지꽃은 연한 쪽

빛의 연두색이었다. 나는 가장 곱고 예쁜 반지꽃 한 줄기를 뽑아들었다. 이내 나는 아내의 왼손 인지에다 그 반지꽃으로 꽃반지를 만들어 끼워 주었다.

'꽃반지 사랑!'

아내와 나는 아무 말도 하지 않았다. 빗물 젖은 촉촉한 눈빛으로 그저 미소만을 나눌밖에. 모처럼의 고향 나들이 길에, 우리는 이 세상에서 서로가 가장 소중한 존재임을 확인하고는 마냥 행복해했다.

작은 즐거움들

아버지가 돌아가신 지 꼭 4년 만에 어머니마저 돌아가셨다. 땅이 꺼지는 듯, 나는 골 깊은 나락으로 한없이 떨어지는 기분이었다. 하늘이 무너지는 듯, 나는 온몸이 가위 눌려 끝없이 아득해지는 느낌이었다. 나는 천애의 고아가 되어 무던히도 눈물짓고 통곡했다. 4일장에 삼우제까지 치르고 서울 강북구 수유동에 있는 운가사(蕓伽寺)에다 어머니의 혼백과 영정을 모시게 되었다.

집으로 돌아오는 길은 마냥 허전했다. 텅 빈 가슴에 온갖 슬픔이 또다시 북받쳐 왔다. 나의 몸과 마음은 피로할 대로 피로하고 지칠 대로 지쳐 있었다. 한숨을 몰아쉬며 아버지 어머니를 불러 보기도 했다. 그렇다고 듣고 싶은 아버지 어머니의 대답이 있을 리 없다. 못난 자식에게 그토록 희망을 거시고 온갖 고생을 마다하지 않으시던 내 아버지, 어머니. 남들처럼 그 녹록한 기쁨 한 번 누려보지 못하신 채, 두 분은 이제 다 돌아가시고 말았다. 살아계실 때 좀 더 잘 모셔드리지 못한 걸 생각하니 더없이 비통해져왔다.

바로 그날 저녁, 아이들과 함께 우리 다섯 식구는 여러 날 만에 말할 것도 없거니와 아이들도 무척 쇠락해보였다. 밥상을 물리고 나서도 모두가 침울한 표정들이었다. 잠시 커피 타임을 갖기로 했다. 대학 다니는 맏자식 놈이 입을 열었다.

"아빠, 많이 허전하시죠? 할머니가 집에 계시다가 돌아가시니까 집 한 구석이 텅 빈 것 같아요."

"그야, 말할 뭘 해. 우리 가정을 지켜주시던 맨 웃어른이셨는데, 아빠는 지금 어린아이처럼 너의 할아버지 할머니가 새삼 그리워진다."

"아빠 마음을 좀 이해할 수 있을 것 같아요. 빨리 안정을 되찾으시고 기운을 내셔야 돼요."

"그래, 고맙다. 이 아빠의 슬픔을 네가 다 위로를 해주니 더없이 기쁘다."

가슴이 뿌듯해 왔다. 거기다가 둘째인 딸애가 내 어깨를, 막내인 아들 녀석이 제 엄마의 어깨를 주물러 준다. 자식들이 대견스럽게 여겨졌다.

아이들이 저희들 방으로 다 건너간 뒤, 아내와 나는 잠시 밝은 눈빛을 마주하면서 몇 번이고 다짐을 했다. 더 부지런하고 더 열심히 일하자고.

전화벨이 울렸다. 수화기를 들었다.

"네, 여보세요."

"아, 서영이 아버님이세요?"

"응, 그래. 서영이 친구로구나, 누구지?"

"혜정이예요, 아버님. 서영이 한테 소식 들었는데 서영이 할머니께서 돌아가셨다면서요, 아버님 얼마나 슬프셨어요? 직접 가서 뵙고 위로의 말씀을 올려야 될 것을. 죄송합니다. 이렇게 전화로 인사드림을 용서해 주세요. 그리고 아버님, 퍽 지치셨을텐데 이제 빨리 안정하시고 건강하셔야 해요. 다시 연락드리겠습니다. 그럼 안녕히 계십시오."

"그래, 혜정아, 대단히 고맙다 고마워. 너도 건강하고 열심히 일해라."

수화기를 놓았다. 혜정이는 가정 형편이 어려워 대학 진학까지 포기하고 지금은 어느 작은 개인 회사에 다니면서 일하고 있는 딸애 친구였다.

가슴이 찡했다. 나는 정말 감탄할 수밖에 없었다. 어쩌면 그렇게 예의가 바를까. 전연 생각지 못했던 혜정이의 그 인사말 한 마디는 참으로 한없이 고맙게 느껴졌다.

혜정이의 전화를 끝내자, 이어 거실에서 초인종 소리가 들려 왔다. 얼른 나가, 대문을 열어 보았다. 청소부 아저씨였다.

"어서 오세요. 웬 일이세요?"

"며칠 전에 상을 당하셨다구요? 지나던 길에 잠시 들렸어요. 선생님 뭐라고 위로의 말씀을 드려야 좋을지 모르겠습니다. 얼마나 슬프셨겠습니까? 상중에 찾아뵈었어야 하는 건데 송구스럽기 이를 데 없습니다."

"원 별 말씀을. 이렇게 찾아주셔서 고맙습니다. 들어가 차라도 한 잔 하고 가시죠?"

"아닙니다. 애 많이 쓰셨을 텐데. 어서 들어가 좀 쉬십시오. 이만 저는 가보겠습니다."

"그냥 이대로 가시게요? 들어가 쉬었다 가지 않으시고."

"다음에 또 들르겠습니다. 안녕히 계십시오."

"그럼, 안녕히 가십시오. 다음에 또 뵙겠습니다."

청소부 아저씨가 보이지 않게 되자, 나는 뭔가 아쉬움을 느끼면서 안으로 들어왔다. 한참 동안 청소부 아저씨의 뒷모습이 아른거렸다. 인정어린 그 눈빛, 그 인사말은 진심에서 우러나온 그의 태도가 아닐 수 없다. 참으로 뜻밖의 인사를 받은 것이다. 세상이 아름다워 보였다.

모두들 각박한 세상이라고 말들을 하지만 그것은 인정의 맛을 모르기 때문이 아닐까. 인정은 돈으로 파고 사는 것이 아니다. 한 마디 인사말이라도 진정으로 주고받을 수 있을 때, 우리는 한없이 기쁜 삶을 누릴 수 있다.

• 2장

여학생과 해장술

애정과 우정의 저울질

문예창작에 전념하고 있는 여학생들 몇 명과 자리를 함께하여 대화를 나눈 일이 있다. 중심 화제는 애정이 더 중하냐 아니면 우정이 더 중하냐 하는 문제였다. 사랑처럼 인간에게 오묘한 과제가 또 어디 있겠는가. 하물며 여성들에게 있어서랴.

홍역처럼 사랑의 열병을 한번쯤 치뤘거나 또는 치러야 할 젊은 여성들이니, 그들의 사랑에 대한 관심은 높을 수밖에 없다. 사랑은 인생의 영원한 미스터리 아닌가. 사랑의 인연 때문에 인류의 역사는 지금까지 있어 왔고 또 앞으로도 영원히 지속될 것이다.

학생들과 얘기를 나눈 사랑의 범주는 편의상 그 대상에 따라 애정과 우정, 이 두 가지로만 한정시켜 보았다. 사실상 그 두 가지로 한정시키기는 좀 모호하지만 일단 객관적으로 생각한다면 애정은 여자와 남자 사이의 사랑을 뜻하고 우정은 애정과 달리 친구와 친구 사이의 사랑을 뜻한다고 하겠다.

나는 그들과 이야기를 시작하면서 일종의 편협적인 선입견에 사로잡혀 있었는지도 모른다. 친구의 우정보다는 이성과 애정이 더 중하다는 의견이 상당히 지배적이지 않을까 하고 기대되었기 때문이다. 그러나 그 결과는 뜻밖이었다.

학생들은 애정보다는 우정을 중시한다는 쪽에다가 더 큰 비중을 두고 대화를 전개시켜갔다. 동등한 이해관계 속에서 상호간의 부담 없는 만남이 이루어질 때 우정이 더 오래도록 존속할 수 있다는 논리였다. 여자와 남자의 평등권을 전제로 한 그들의 의견은 퍽 현실적이고 물질적이고 개인적이었다. 현실적으로는 도덕성 탈피를, 물질적으로는 경제적 자립을, 개인적으로는 이기적인 야심을 내세웠다.

현실사회에서는 도덕적으로 너무나 불평등한 제약의 관계만을 고집하고 있다는 것이다. 도덕적 제약의 관계가 여성들의 정신생활에 미치는 강박감은 매우 크단다. 순결 문제만 보더라도 쉽게 알 수 있지 않느냐는 것이다. 남자에 앞서 여자들이 훨씬 더 강하게 피해의식을 감당해야 한다는 점이 그 좋은 예가 된단다.

경제적인 자립성도 예외가 아니란다. 여자와 남자 사이, 취업 구조의 차이가 너무나 현격하다는 것이다. 불평등에서 오는 취업 의식의 편차는 민주주의적으로나 자본주의적으로나 그 원칙상 전혀 논리에 맞지 않는다는 것이다. 남성의 여성에 대한 불공평한 시각이 얼마나 여성들에게 사기를 저하시키는지 그들은 차마 견디기 어렵다는 의견이다.

이기적인 야심도 남자와 여자에게 있어서 다를 바가 없다는 것이다. 여자는 여자대로의 능력 한도 내에서 야심을 품게 마련이고 남자는 남자대로의 능력 한도 내에서 야심을 품게 마련이다. 그런데도 남성의 능력은 인정되고 여성의 능력이 경시된다면 그러한 사고방식은 완전히 성적 차별의 전근대적인 모순이 아닐 수 없다는 논리이다.

여자는 대개 현재 상태만을 생각하고 남자는 흔히 사회, 섹스, 모험에만 관심을 쏟고 있다든가, 여자가 조그마한 성취감에 쉽게 만족하고 남자는 큰 성공이 아니면 만족하지 않는다든가 하는 유형의 차별의식을 가지고서는 원만한 우정을 유지하거나 존속시킬 수 없다는 주장이다.

이와 같은 부정적인 시각들을 가장 원만하게 해결할 수 있는 방편이 바로 평등원리에 입각한 의식개혁이라는 점이다. 동등한 인격을 바탕으로 할 때, 남자와 여자의 다른 사고유형도 극복될 수 있으며 차별적인 요소들도 제거될 수 있다는 것이다.

서로가 진정한 우정을 인정하지도 또한 존중하지 않는 한 애정에는 큰 의미를 부여하기 어렵단다. 우정과는 달리 애정은 서로가 너무나 많을 것을 요구한다는 점에서 부담스럽다고 토로한다.

때로는 이성 간에 지나친 책임과 의무를 지우기도 하고 때로는 피치 못할 문책을 퍼붓기도 하고 때로는 견디기 어려운 인격적 모독도 서슴지 않는다는 것이다. '사랑하기 때문에 그럴 수도 있다'는 식의 굴욕적인 논리는 비인간적인 사고방식이라는 주장이다.

반면에 우정은 '사랑하기 때문에 그럴 수도 있다'는 식의 부담 또는 문책, 모욕 또는 굴욕 같은 감정을 일체 떨쳐버릴 수 있다는 것이다. 우정은 곧 어떤 형태의 애정관계라도 이해와 타협으로 맺고 풀어갈 수 있는 관용적 특성을 띠기 때문에 애정을 포괄할 수 있다는 논리이다.

학생들로부터 애정과 우정의 저울질은 계속되었다. 특히 성적인 문제에 이르러서는 우정관계의 비중이 더 높아만 갔다. 동반자로서의 동등한 인격이 존중되지 않고서는 애정관계의 그 어떤 즐거움이나 쾌락도 아무 가치가 없다는 것이었다.

더구나 한쪽의 일방적인 강압에 의한 육체적인 관계는 야만적 행위요, 범법적 폭행이라는 판단이었다. 본능적 쾌락의 자유로운 추구는 동등한 인격이 보장될 때, 훨씬 더 그 신비스러움의 폭을 넓힐 수 있다는 견해들이었다.

나는 그들과 이야기를 나누면서 애정과 우정의 무게를 다는 저울추에 신경을 쓰지 않을 수 없었다. 그들의 저울추는 분명히 애정보다는 우정 쪽으로 기울었다. 우정쪽으로 기울게 된 저울추의 명분은 평등의 원칙에서 거론되었다. 이와 같은 거론은 남성의 여성에 대한 지배, 권위, 탄압, 유린 등의 비민주적 요소들이 우리의 의식 속에 아직까지도 많이 잔재하고 있다는 반증이기도 하다.

학생들은 젊다. 그 젊음 때문에 애정보다는 우정을 더 중시한다고 논리를 전개시킬 수도 있다. 또한 불평등의 의식구조를 결부시켜 원만하게 기대될 수 없는 애정을 비판할 수도 있다. 우정을 바탕으로 한 애정이 바람직하다든가, 애정이 우정 속에 포괄된다든가, 우정이 애정보다 더 삶의 폭을 넓힐 수 있다든가 하는 의견도 얼마든지 제시할 수도 있다.

그러나 문제는 학생들의 가치관이 어떻게 정립되어 가는가에 달려 있다. 신성한 애정이나 우정은 참된 희생, 헌신, 봉사의 정신으로 발로되는 인생 행복의 최대 가치기준이기 때문이다. 진실로 가정이나 이웃, 사회나 국가에 대한 자기 희생, 자기 헌신, 자기 봉사가 따르지 않는다면 애정이나 우정의 거론은 하나의 빈말이 되지 않을까 염려하지 않을 수 없다.

가치관의 동요는 다분히 편협적일 수도 있고 독선적일 수도 있다. 물질적 만능이나 이기적 충족, 본능적 쾌락이나 현실적 안주는 가정, 이웃,

사회, 국가 구성원 전체의 사랑과 행복을 외면하기 쉽다. 구성원 전체의 사랑이나 행복이 외면된다면 남녀평등이나 인격은 존재할 수 없다. 진정한 애정이나 우정은 이미 남녀평등이나 인격을 초월한 자기의 참된 희생, 헌신, 봉사가 있지 않고서는 아무 의미가 없는 것이다.

아름다운 애정과 우정이 인생의 영원한 가치관을 측정하는데 최후의 보루가 된다는 점엔 변함이 없다. 고귀한 영혼만이 찬사를 보내는 방법을 알고 있다고 한다. 학생들의 애정관이나 우정관이 더 이상 물질주의, 이기주의, 쾌락주의와 같은 부도덕성으로 더럽혀지지 않기를 바라는 마음 간절하다.

상식이 통하지 않는 사회

몇 명의 학생들과 빙 둘러 앉아 좌담할 기회를 가졌다.

화제는 '상식이 통하는 사회를 이룩하려면'이었다. 상식이 통하지 않는 사회를 개탄하면서 상식이 통하는 밝은 사회를 생각해보자는 의도에서였다.

대학 교육의 한 방법론으로는 학생들의 발표 의욕이 무척 아쉬운 정황이기도 하다. 더구나 사제지간의 대화 시간이 얼마나 아쉬운가는 두 말할 나위도 없다. 여러 학생들에게 서로 다른 의견을 분석하고 비교 검토해서 올바른 결론을 도출토록 하는 것은 그들로 하여금 가치관을 원만하게 형성시켜 가게 하는데 매우 효과적인 방법일 수 있기 때문이다.

상식은 여러 분야에서 사람들이 의식적인 경험의 축적을 통하여 알고 있거나 또는 알고 있어야 할 가장 습관적이고 객관적이고 보편적인 지적 능력을 가리킨다. 그러니까 상식은 우리가 사회생활을 해 가는데 있어서 여러 사람이 옳다고 판단하는 일반지식의 통칭이기도 하다.

상식적 판단의 기준에 있어서 우리는 흔히 도덕적 규범을 생각하게 된다. 인생관이나 세계관을 따질 때 우리는 도덕적 규범을 바탕으로 해서 우리의 사고 및 행위 능력을 분변하기 때문이다. 이를테면 '인간적이다' 또는 '비인간적이다' 하고 말하는 경우나 '어떤 충격적인 비행 혹은 폭력을 인간적으로는 도저히 이해할 수 없는 일이다' 하고 말하는 경우 등은 모두 다 도덕적인 규범을 기준으로 한 판단에 다름 아닌 것이다.

따라서 도덕이 땅에 떨어졌다고 하는 개탄의 소리는 곧 많은 사람들이 비인간적인 행위를 서슴지 않고 있다는 사실의 반증일 수도 있다. 그러한 비인간적인 행위가 양식 있는 사람들의 눈살을 찌푸리게 만든다면, 그 사회는 분명히 상식이 잘 통하지 않는 사회임에 틀림없다.

학생들은 상식이 잘 통하지 않는 사회 쪽으로 많은 이야기를 전개시켜갔다. 의아스럽게도 주로 지도자적 위치에 있는 사람들을 화제의 대상으로 삼아 비난의 화살을 퍼부어갔다. 까닭인 즉슨, 사회적으로 각계각층의 지도자적 위치에 있는 사람들이 상식에 어긋나는 즉 비인간적인 사고와 행위를 너무나 가책 없이 자행하고 있다는 것이다.

사실 지금 우리는 정치, 경제, 사회, 교육 등 여러 가지 분야에서 많은 어려움을 겪고 있다. 그런 상황을 어떤 사람은 민주화 과정의 과도기 현상이라고도 한다. 그러나 우리 앞에 나타나고 있는 여러 가지 어려움들은 상식적 차원에서 우리가 도저히 납득할 수 없다는 점에 그 문제의 심각성이 있다.

정치인들이 빚어내는 각종 부정과 비리는 국민들의 분노를 사기에 충분하다. 그들은 말할 것도 없이 국민들이 선출해낸 인물들로 선도자적 위치에 있는 사람들이다. 따라서 그들이 자행하고 있는 부도덕적 행위는 국민들의 입장으로 볼 때 도저히 이해할 수 없지 않느냐는 반문이 따른다. 더구나 그들의 부정과 비리는 국민들의 의식구조에 엄청난 영향을 안겨줄 수밖에 없기 때문에 상식적으로 더 이해가 가지 않는다는 것이다.

그럼에도 불구하고 정치하는 사람들은 당리당략에 사로잡혀 국민의 여론은 안중에도 없다. 청탁이나 이권개입에 열을 올리다 보니 자연히 권력남용이나 불법, 탈법을 가리지 않고 저지른다. 관행이란 명목으로 돈보따리를 주고받는 비리가 공공연히 자행된다. 지도자들이 그토록 제

몫 챙기기에 바쁘다면 국민들이 어떻게 그들을 믿고 따를 수 있겠는가.

기업인들의 부도덕성 역시 국민들의 지탄을 받아 마땅하다. 그들이 상품의 저질성이나 수출의 경쟁력 약화를 모를 리 없다. 그들이 근로자들의 분규 요인을 모를 리 없다. 그런데도 그들은 기업의 세금으로 기업을 하면서도 결국 국민의 이익은 안중에도 없다는 처사인 것이다.

국내에서 조차 그들이 만든 물건이 좋은 상품으로 평가받지 못한다면 국제사회에서는 더 말할 것도 없다. 경쟁력 개발에 투자를 게을리 한다면 국제적 경제전쟁에서 이겨갈 수가 없다. 가만히 앉아 돈보따리나 건네면서 반대급부나 모색하고 고가 외제품이나 수입하여 폭리나 획책하고 광고매체나 이용하여 상품의 과대선전이나 궁리하고 기업자금을 융자받아 부동산 투기에나 골몰한다면 우리의 경제가 어떻게 성장할 수 있겠는가.

사회는 사회대로 각종 병폐에 시달리고 있다. 범죄와 폭력이 난무하고 유괴범이 설쳐댄다. 인신매매가 횡행하고 자동차 테러까지 등장하고 있다. 땀흘려 일하기 싫어서 한탕주의가 활발하고 몇 사람이 모였다 하면 고스톱판이 벌어진다. 대기공해와 수질오염 때문에 자연이 손상되고 생태계가 파괴되고 있다. 비논리적, 비합리적 억지의식이 팽배하고 인명경시 풍조까지 만연되고 있다.

대낮에 경찰 앞에서 사람을 칼로 찌르기도 한다. 개구리를 잡으러 들로 나간 어린이들이 돌아오지 않고 있다. 열다섯 살도 채 안 되는 미성년자들이 접객행위를 강요받는다. 많은 사람들이 치어 죽인다. 고위층을 빙자한 뇌물 사취에다, 토지매매 사기로 떼돈을 갈취하려 든다. 기업의 횡포로 오염물질이 방출되고 국회의 날치기 법안처리가 순식간에 이뤄진다. 이런 사회에서 국민들이 어떻게 마음 편하게 살 수 있겠는가.

대학의 기업화는 교육풍토의 열악함을 외면한 지 오래이다. 획일적 사고의 교육 병폐가 극치에 달하고 있는 듯하다. 인성교육의 황폐화가 인심을 흉흉하게 만들고 있다. 사람은 누구나 개성과 취향이 모두 다르다. 저마다 소질이 따로 있는데도 그 소질이 계발될 수가 없다. 무조건 입학시켜 놓고 보자는, 또는 무조건 입학하고 보자는 학부형과 학생들을 생각하면 백년대계(?)의 교육정책이 참으로 안타깝다.

개성과 소질과 창의력이 존중되지 않는 대학 풍토는 양식 있는 사람들의 울분을 불러 일으키기에 족하다. 똑같은 등록금을 납부하면서도 학교에 따라 교수, 도서관, 수강인원 등에 엄청난 차이를 나타낸다면 그 피해는 누가 감당하겠는가. 학문을 한다는 사람들이 모여서 돈 타령이나 하고 부정입학이나 획책한다면 그 사회에서 국민들이 어떻게 희망을 갖고 살 수 있겠는가.

상식에 어긋나는 사람을 우리는 몰상식한 사람이라고 한다. 사회적으로 몰상식한 언행에 대해서 우리는 경계하고 지탄까지 보낸다. 몰상식한 사람이 많으면 많을수록 그 국가, 그 사회는 불신과 독선이 만연된다. 금력이나 권력을 빌미삼아 준법정신을 약화시키고 도덕적 양심의 실종으로 인명경시의 풍조까지 부추긴다.

학생들은 궁극적으로 몰상식한 사람들을 과감하게 도태시켜야 한다는 이야기로 의견의 일치를 본다. 특히 지도자적 계층에서 수준 이하의 사람들을 그대로 묵과할 수 없다는 것이다. 지금 우리가 겪고 있는 여러 가지 현실적 어려움들은 모두 다 그들의 부도덕성으로 말미암아 얻어진 산물의 후유증에 다름 아니란 의견들이다.

학생들의 이야기는 얼핏 들으면 많은 공감을 불러일으킬 수도 있으리라고 본다. 우리 사회가 안고 있는 여러 가지 병폐들을 감안하면 더욱 그렇다.

그러나 무엇보다도 중요한 것은 젊은이들의 부정적인 시각이 아닐 수 없다. 젊은이들의 시각은 몰지각한 몇몇 지도자들에 국한시켜서 화제의 방향을 몰고 간 셈이다. 모든 사회적 병폐가 마치 그들 몇몇 지도자들 때문에 비롯되는 것처럼 한정시켜 매도하고 있는 것이다. 그러한 지석에는 말할 것도 없이 책임의 소재가 너무나 한정적이고 편협적이어서 다른 의견이 다르지 않을 수 없다.

사실, 상식이 잘 통하지 않는 사회를 꼭 지도자적 위치에 있는 몇몇 사람들에게만 책임 지울 문제는 아니라고 본다. 그것은 어디까지나 국민 한 사람 한 사람의 마음가짐에 더 큰 책임을 물어야 할 것이기 때문이다. 어느 나라에서나 여론을 형성하고 사회를 이끌어 가는데 중추적인 역할을 담당하는 계층은 바로 평범한 국민들이지 몇몇 저명인사나 권력자들이 아니라는 사실을 기억할 필요가 있다.

이제 우리의 현실은 깨어 있는 국민의식을 강렬하게 요구하고 있다. 몰상식한 행위의 문제들은 우리 국민 모두에게 달려 있다. 비인간적 행위를 일삼는 무리들은 극소수에 지나지 않는다. 그 극소수의 몰지각한 행위를 두고 그것이 사회 전체의 혼란상인 양, 비화시키는 것은 도둑이 마치 제 발이 저려서 절룩이는 것과 다를 바 없다.

'국민을 위한' '국민에 의한' '국민의' 정치가 무엇 때문에 제대로 전개되지 못하는 것인가. '토지의 공개념'이나 '금융의 실명제'가 무엇 때문에 제대로 실시되지 않는 것인가. '범죄와의 전쟁'이 무엇 때문에 제대로 실효를 거둘 수 없는 것인가. '교육의 질적 향상'이 무엇 때문에 제대로 이루어지지 못하는 것인가.

학생들과 나눈 결론은 결국 상식이 잘 통하는 사회가 빨리 이뤄져야 된다는 것이다. 상식이 잘 통하는 사회야말로 국민 각자가 신뢰와 질서 속에서 행복한 삶을 누릴 수 있기 때문이다.

설사 사회가 썩어 있는 것처럼 보이도 내일 당장 망할 것처럼 보여도 오늘 우리는 오렌지 나무를 심어야 한다. 이것이 가장 든든한 마음가짐이요, 또한 살 길인 것이다.

여학생과 해장술

제2교시 강의시간이었습니다. 10시부터 시작하니까, 부득이한 사정이 있지 않고서는 지각생이 있을 시간이 아니었습니다. 3주째까지도 내 수업 시간에 지각생은 한 사람도 없었습니다. 내내 출석점검을 해오다가 지각생이 없었던 관계로 그 다음부터 나는 출석을 부르지 않았습니다.

그런데 공교롭게도 그날따라 한 30분가량 늦게 온 학생이 있었습니다. 남학생도 아닌 여학생이었습니다. 기왕에 늦은 거니, 강의실에 들어와 그냥 뒷자리에 앉았다면 얼마나 좋습니까. 또한 진심으로 그러기를 나는 바랐습니다. 그러나 굳이 교실 앞쪽으로 나오는 것이었습니다.

그때에는 이미 어느 정도 강의가 진행되어 한 학생이 집에서 준비해온 과제를 교탁 앞에서 열심히 발표하고 있었습니다. 발표 내용은 교양강좌에 속하는 '불교의 인간관'이었습니다. 종교적 가치관에 입각하여 범부(凡夫), 나한(羅漢), 보살(菩薩)의 세계를 비교 설명하고, 반성이나 깨달음 없는 범부들의 속물적 근성을 나름대로 신랄하게 비판하고 있는 중이었습니다.

여학생은 한 마디로 말해, '돈키호테' 같은 학생이었습니다. 뒷문 여닫는 소리가 났을 때까지만 해도 학생들은 조용했습니다. 문제는 그 여학생의 뻔뻔스러운 행동에서 비롯되었습니다. 좌우를 돌아보며 시종일관 웃음을 잃지 않는 여유를 보여준 것까지도 좋았습니다.

지각한 것에 대한 수치감이나 미안감 같은 건 하나 없이 도리어 개선장군 또는 결승전에서 챔피언이 된 운동 선수처럼 두 손을 치켜들어 V자를 그려 보이는 것이었습니다. 여학생의 그 사기등등한 행동에 교실

안은 한바탕 웃음바다가 돼버렸습니다. 학생들은 박수갈채까지 아끼지 않고 보냈습니다.

눈 깜짝할 사이에 벌어진 정경이었습니다. 나 역시 그런 상황이 벌어지리라곤 전연 예측을 못했습니다. 그러니, 미처 어떻게 막아낼 방도를 마련할 수가 없었습니다. 말할 것도 없이 수업 분위기는 엉망이 되고 말았습니다. 발표마저 중단된 채, 그 여학생의 일거수일투족에만 시선을 집중시켰습니다.

도대체 30분씩이나 늦은 주제에, 그토록 무례하게 앞으로 나온 까닭이 무엇이었을까요? 여학생의 다음 행동에 대한 기대감에 다른 학생들은 모두 긴장까지 했습니다. 내 앞으로 가까이 온 여학생은 나에게 속삭이듯이 말했습니다.

"지각을 하게 되어서 죄송합니다."

기세 좋게 나올 때의 태도와는 영 딴판이었습니다. 좀 상기된 표정까지 지어 보였습니다.

나는 그 여학생에게 화를 낼 수가 없었습니다. 분명히 무슨 피치 못할 사정이 있겠거니 여겼습니다. 수업 분위기가 엉망된 걸 생각하면 호통치고 싶었지만 그러나 그것도 이미 엎질러진 물이 되고 말았으니, 화낸들 무슨 소용이 있겠습니까, 그래서 냉정하게 타일렀습니다.

"그런 인사라면, 강의가 끝나고도 얼마든지 할 수 있잖나? 자네 행동은 여러 사람에게 너무나 큰 실례가 되었어. 그건 그렇고, 그래 무슨 일 때문에 늦은 건가?"

"죄송합니다!"바로 그때였습니다. 그 여학생과 눈빛을 마주할 때였습니다. 나는 그 여학생으로부터 진한 술냄새를 맡을 수 있었습니다.

'학생, 술 마셨나?'

나는 크게 소리칠 뻔했습니다. 폭발하려는 감정을 가까스로 억누르고 이내 말머리를 돌리고 말았습니다.

"알았어요. 굉장히 마음 상할 일이 있었나 보군. 기왕에 앞으로 나왔으니, 맨 앞자리에 앉아 수업을 받도록 해요. 그리고 수업이 끝나거든 다시 얘기를 나누자고."

좀 신정되자, 수업을 속개했습니다. 그러나 소란한 분위기가 얼른 잡히지 않았습니다. 그래서 발표학습을 중단하고 학생들로 하여금 질의와 응답을 유도케 하여 강의 내용에 대한 그들의 이해를 돕고 말았습니다. 따라서 수업은 좀 빨리 끝날 수가 있었습니다.

이미 말한 대로 나는 그 여학생과 얘길르 나누고 싶었습니다. 그래서 학생들이 제출한 과제물을 그에게 간추려 들도록 하였습니다. 교수 휴게실에 도착하자마자 즉시 따졌습니다.

"이름이 성실이지? 성실이, 어떻게 된 거야? 아침부터 여학생이 술냄새 푹푹 풍겨도 되는 거야?"

성실이의 취기는 거의 다 깨어가는 듯했습니다. 수줍은 여학생의 자태를 되찾아 갔습니다.

"죄송합니다. 교수님, 저를 꼭 비난만 하려는 건 아니시죠? 아까 강의 도중, 교실에 들어갔을 때에는 제정신이 아니었나 봅니다. 제가 어떻게 그런 행동을 할 수 있었는지, 저도 이해거 잘 안 돼요."

"그 정도였어? 아니 그래, 어젯밤에 얼마나 마셨길래 아침까지도 깨질 않지? 성실이가 그렇게 주량이 커?"

"아니예요, 교수님. 사실은 어제 동아리 MT를 갔었거든요. 청평으로 갔었습니다. 돌아와서 선배 형들을 따라 3차까지 마시게 되었습니다. 하지만 오늘 아침에는 말짱하게 다 깨었어요. 그런데 학교 정문 앞에 이르렀을 때, 어젯밤에 함께 마셨던 선배 형을 우연히 만났습니다. 맥주 두 병을 시키더군요. 과제를 하려고 한 시간쯤 일찍 온 거니까, 시간은 있었습니다. 그렇다고 어떻게 술을 마시고 수업시간엘 들어갈 수 있겠냐며 펄쩍 뛰었더니만, '해장술'이라나요, 하도 권하기에 본의 아니게 아침술을 마시게 되었습니다."

"성실이가 해장술을 마셨다?"

"교수님, 이해해 주시는 거죠? 그런데, 맥주 한 병밖에 안 되는 아침술이 그렇게 취할 줄은 몰랐어요. 그러나 취한다고 교수님 강의시간에 빠질 순 없잖아요? 아까 교실에서는 제가 너무너무 정신이 없었어요."

"여학생이 해장술이라?"

다음 강의 시간 때문에, 나는 더 이상 그 여학생을 붙들고 얘기를 나눌 수 없었습니다. 앞으로 또 그런 일이 있어서는 안 된다는 간단한 말을 주고는 헤어질 수밖에 없었습니다. 그래도 그 여학생에게 충분한 반성의 기미를 엿본 이상, 걱정될 건 없다고 여겼습니다.

그러나 여학생이 해장술을 마실 수 있을 정도로 변하고 있는 대학 사회를 어떻게 수용해야 할지 나는 아직도 머릿속이 복잡하기만 합니다.

대학 캠퍼스의 분위기

우리나라 대학의 한 학기 강의는 16주 계획으로 짜여진다. 연속 두 시간 강의하는 과목도 있고 세 시간 강의하는 과목도 있다. 예외가 없는 것은 아니지만 보통 두 시간짜리 강의는 2학점, 세 시간짜리 강의는 3학점이다. 학생들은 한 학기에 21학점을 기준으로 하여 수강신청을 하게 된다.

그러니까 우리나라 대학에서는 입시 준비에 바빴던 고등학교 때와는 달리 1주일에 21학점에 해당한 21시간 정도만 강의를 받으면 된다는 계산이다. 물론 학과에 따라 조금씩은 다를 수도 있다. 실험이나 또는 실습 같은 시간이 있기 때문이다.

16주분 강의계획 속에는 공통적으로 오리엔테이션 그리고 중간 및 기말시험 시간이 포함된다. 공교롭게도 국정 또는 임시 공휴일이 강의 시간과 겹쳐지면 그만큼 강의 시수가 줄어들 수밖에 없다. 그 외에도 휴강이 되는 경우는 많다. 학생회 발대식, 축제기간, 체육대회, 학년 및 학과별 MT, 토론회 등의 행사가 그것이다.

휴강시간을 빼버리고 나면 한 학기 동안 과목별로 강의할 수 있는 주일은 맥시멈(maimum)으로 따져도 고작 10주 정도로 산출된다. 그러나 10주 정도만이라도 풀(full)로 강의할 수 있다면 얼마나 다행일까 싶다.

지난 10여 년 동안, 대학 캠퍼스 분위기를 돌아보면 학생들의 각종 시위가 수업 결손을 얼마나 많이 가져왔는지 모른다. 학생들의 시위로 인한 수업 결손까지 감안하면 과목당 강의시수는 아무리 후하게 계산해도 8주 정도를 넘기기 어렵다. 8주라야 겨우 두 달밖에 되지 않는다.

이와 같이 우리나라 대학에서는 강의를 받는 날보다 받지 않는 날이 더 많은 편이다. 한 학기의 절반 이상을 강의 받지 않아도 학생들은 하나도 아쉬워하지 않는다. 그러면서 그들은 동아리 활동이 대학 생활의 전부인 양 열을 올린다. 학술제나 체육대회가 벌어지면 으레 자동적으로 휴강이 되는 걸로 안다. 각종 환영회, 환송회, 야유회, 미팅 같은 모임은 열 일을 제쳐놓고 추진한다.

등록금 인상에 대한 학생들의 반응은 민감하기 이를 데 없다. 등록금 인상 폭을 놓고 시시비비하는 까닭은 무엇인가. 너무 비싸기 때문일까. 아니면 대학 생활을 그만큼 편하게 하고 싶어서일까. 학생들은 그들 나름대로 명분을 내세운다. 대학 운영의 민주화가 제대로 이루어지지 않고 있다고 말이다.

어쨌든, 등록금이 비싸다는 걸 알면 절대로 휴강되기를 원할 수 없는 노릇이다. 그런데도 학생들은 걸핏하면 휴강을 바란다. 과제가 주어지면 아우성이고 없으면 환호성이 터진다. 설사 과제를 제출케 해도 제출을 위한 과제가 태반이다. 힘들이고 땀 흘려 과제 해결하기를 꺼려하고 교수들과의 대화도 즐겨하지 않는다.

합반으로 말미암아 수강생 수가 터무니없이 많다 해도 학생들은 자신에게 돌아오는 손해를 따지지 않는다. 한 학기에 한 교수가 전공과목을 두 개 혹은 세 개 이상씩 맡는다 해도 신경 쓰지 않는다. 실험실, 제도실, 세미나실 같은 특별 교실이 마련되어 있지 않다 해도 걱정하지 않는다. 도서관 시설이 엉망이어서 공부를 마음대로 할 수 없다 해도 하나도 문제될 게 없다.

어떻게 하면 행사를 잘 추진할 수 있을까. 어떻게 하면 휴강할 수 있도록 교수에게 명분을 드릴 수 있을까. 어떻게 하면 학교로부터 학생회

비를 더 많이 얻어낼 수 있을까. 어떻게 하면 학점을 거저 딸 수 있을까. 어떻게 하면 졸업을 쉽게 할 수 있을까. 학생들은 주로 그런 문제에만 슬기들을 집중시켜 가고 있다.

옛말임에도 불구하고 먹구대학이란 말이 그 어떤 저항도 받지 않고 우리 사회에선 너무나 오래도록 통용되고 있다. 어느 대학 총장께선, 자기 얼굴에 침뱉기인 줄 뻔히 알면서도 대학 캠퍼스의 분위기를 이렇게 혹평한 적이 있다.

"지금 우리나라 대학은 완전히 고등 놈팽이를 양산하는 제조 공장에 지나지 않는다"고.

이런 캠퍼스 분위기 속에서 학생들이 얼마나 더 배울 수 있고 어떻게 성장할 수 있는지 마냥 서글프기만 하다. 입시학원만도 못한 대학의 열악한 학습 환경이 마냥 개탄스럽다. 제자에 대한 사랑, 교수에 대한 존경이 사라져 가는 대학의 인간관계가 마냥 통한스럽다. 백년대계의 교육정책이 아무 비전도 없이 흔들리는 처사가 마냥 증오스럽기만 하다.

너나 할 것 없이, 정신을 바짝 차릴 일이다.

텅빈 강의실

싱그러운 5월, 신록의 계절이었습니다.

비가 억수로 쏟아지는 날이었습니다. 그날 나는 D 대학 분교의 강의를 마치고 그 학교 통근차로 돌아오는 길이었습니다. 서울에 와서는 다시 H 대학으로 달려가서 세 시부터 또 두 시간 강의를 해야 했습니다. 하지만 빗길이라 서울 도착 시간이 너무 늦어졌습니다.

많이 걸려야 한 시간 정도 걸리는 거리인데, 오늘따라 고속도로 정체가 심해 보통 빼보다 두 배도 더 걸린 셈이었습니다. 버스 안에서는 정말 마음을 죄어야 했습니다. 시계는 벌써 15분 전 세 시를 가리켰습니다. 불가항력이었습니다. 보통 때 같으면 강의시간에 대어 가고도 남았습니다. 결국 본의 아니게 늦어졌으니, 그 죄책감을 어떻게 면해야 할지 본의 아니게 늦어졌으니, 그 죄책감을 어떻게 면해야 할지 학생들에게 송구스럽기 이를 데 없게 되었습니다.

5분 전 세 시 D 대학 정문에 도착했습니다. 장대 같은 빗줄기가 사정없이 퍼붓고 있었습니다. 단 1초라도 다퉈서 서두르지 않으면 안 될 판국이었습니다. 그러나 불행하게도 우산을 가지고 있질 않았습니다. 승용차는 D 대학 본교 체육관 앞 주차장에 두었습니다. 아침, 학교차로 떠날 때까지만 해도 승용차 안에 있는 우산을 미처 생각지 못했었습니다. 사실 오전에는 비 한 방울도 떨어지질 않았습니다.

정문으로부터 주차시킨 체육관까지는 한 10여 분 가량을 걸어야만 했습니다. 거기서 또 승용차로 20분 이상을 달려야만 H대까지 도착할 수가 있습니다. 시간이 턱없이 모자랐습니다. 정말 난감했습니다. 거세

게 몰아치는 비바람은 좀체로 수그러들 기미가 보이질 않았습니다.

그러니, 아무래도 학생들로 하여금 마냥 기다리게만 할 수가 없을 성싶었습니다. 잠시 육교 밑에서 비를 긋다가 쏟아지는 그 비를 맞으며 학교 수위실로 뛰어갔습니다. 우선 늦겠다는 연락을 전화로라도 해야 될 것 같았습니다.

송화기를 들었습니다. H대 국어국문학과 조교에게 전화가 연결되었습니다.

"나 이연재인데, 내 강의시간 알지? 세 시부터야. 그런데 아무래도 시간이 너무 늦어질 것 같어. 어떡하지? 학생들에게 좀 기다리라고 전했으면 좋겠는데."

그렇게 이르겠다는 조교의 확답을 듣고는 전화를 끊었습니다.

빗줄기는 더 굵어졌습니다. 우산을 가지지 못한 게 그토록 나로 하여금 난감하게 할 줄은 예전에 미처 몰랐었습니다. 수위실 문 밖으로 나왔습니다. 혹시나 학교 안쪽으로 들어가는 학생이 있으면 그 학생의 우산을 함께 받고 갈 생각이었습니다. 마음은 더더욱 급해져 갔습니다.

시계는 세 시를 막 넘어서고 있었습니다. 그때 마침, 학교로 들어가는 한 여학생이 있었습니다. 황급히 나는 그 여학생을 소리쳐 불렀습니다. 나는 염치불구하고 그 여학생 곁으로 뛰어들었습니다. 바짝 붙어 서니, 움찔 놀라며 무척 당황해하는 표정이었습니다.

"미안해요, 비가 왜 이렇게 많이 오지? 난 체육관까지 가야 하는데, 학생은 어데로 가지?"

"……."

학생은 아무 대꾸도 없이 걸었습니다. 경계하는 눈빛이 역력했습니다. 여학생이라, 걸음걸이가 너무 느렸습니다. 반면에 내 걸음은 너무 빠르기 때문에 내 가방이나 바짓가랑이는 거의 다 젖었습니다. 바쁜 마음으로는 빗속을 냅다 달리고 싶은 심정이었습니다. 학생이 입을 열었습니다.

"저는 도서관엘 가는 길이예요."

"도서관? 잘 됐어요. 거기 가서 또 다른 학생 우산을 찾으면 되겠지."

우리는 동양학관 건물을 끼고 돌아 학생회관 앞을 지났습니다. 다시 대학원 건물을 돌아 도서관 앞에 이르렀습니다.

"대단히 고마워요. 저리로 가야지?"

나는 그 여학생과 헤어지고부터는 막 뛰기 시작했습니다. 우산 받은 다른 학생을 돌아볼 마음의 여유가 없었습니다. 인문학관 앞을 지나 체육관 건물을 바라보며 언덕길을 한걸음에 내달았습니다. 세 시 십 분이 좀 지나서 승용차에 오를 수 있었습니다.

꼭 20분 만에 H대 인문관 강의실 앞에 도착했습니다. 승용차 문마저 잠그는 둥 마는 둥, 나는 3층 강의실로 뛰어올라갔습니다. 몹시 숨이 찼습니다. 젖은 옷에서는 김이 모락모락 피어 올랐습니다.

"텅 빈 강의실!"

학생은 한 사람도 보이질 않았습니다. 맥이 탁 풀렸습니다. 식은땀마저 흘러 내렸습니다. 그러나 어쩔 수 없는 일이었습니다. 좀 야속하다는 생각도 들었지만 이미 돌이킬 수 없는 일이 되고 말았으니, 보강할 계획이나 세워둘 수밖에 없게 되었습니다.

"텅 빈 강의실!" 텅 빈 강의실에 홀로 앉아 있다가 나는 1층에 있는 학과 사무실로 내려갔습니다. 조교의 말로는 학생들이 15분을 기다리다가 자동으로 휴강되는 줄 알고 이미 다 흩어져갔다는 것이었습니다. 괜히 마음을 조였다 싶으니까 슬그머니 화도 났습니다. 휴강을 미끼삼아 일찍 흩어진 학생들이 괘씸하다는 생각도 들었습니다. 마음이 허탈했습니다.

그렇지만 도리어 잘된 일인 듯도 싶었습니다. 비에 흠빽 젖은 내 몰골을 학생들에게 보이지 않게 된 것만도 참으로 다행한 일이라 여겨졌습니다. 안도의 한숨을 내쉴 수도 있게 되었습니다. 그러자 오히려 느긋한 마음으로 되어 갔습니다. 아마도 인간이 간사하다는 건, 그런 걸 두고 하는 말인지도 모릅니다.

다시 올라가 '텅 빈 강의실'을 들러 보았습니다. 혹시나 단 한 명이라도 꼭 있을 것만 같은 생각이 들어서였습니다. 그러나 역시 한 사람도 보이질 않았습니다.

'텅 빈 강의실!'

잠시 후엔, 두 눈에 눈물이 괴어 왔습니다. 그래서 나는 '텅 빈 강의실' 마저 바라볼 수 없게 되고 말았습니다.

정년퇴직한 선생님의 일자리

졸업한 지 30년만에 초등학교 동창들이 한 자리에 모였습니다. 동창회를 열었던 것입니다. 동창회에서는 그 자리에 6학년 때의 담임선생님을 모셨습니다.

선생님은 교장직을 맡고 있다가, 3년 전에 정년퇴임을 하셨습니다. 지금은 아무 것도 하는 일 없이 소일하고 계신답니다. 그러던 차에 제자들로부터 뜻밖의 초대를 받고 참석한 선생님께서는 얼마나 기쁘셨던지, 그 감격어린 표정을 정말 애들처럼 감추지 못하셨습니다.

눈시울을 붉히며 제자들에게, 대견스럽고 고맙다는 인사말만을 몇 번씩 되뇌이셨습니다. 좀 있다가는 기어코 눈물까지 보이며, 울먹이셨습니다. 눈물을 찍어내는 선생님의 그 숙연한 모습을 뵙는 순간, 동창들 모두도 가슴이 찡하는 분위기로 젖어들었습니다.

"선생님께서 얼마나 좋으면 저렇게 애기같이 눈물까지 보이실까!"

실로 사제지간의 뜨거운 정리를 한껏 느낄 수 있었습니다.

선생님과 제자들의 해우 속에선 끊임없는 대화가 시간가는 줄 모르고 이어졌습니다. 6·25사변, 휴전 다음 해였습니다. 눈물겹도록 우리는 그때, 굶주림에 배곯고 추위에 떨었습니다. 그런데도 희미한 남포 불 밑에서 가마니를 깔고 중학교 입시준비를 열심히 시켜주시던 선생님의 열정은 지금도 기억에 생생합니다. 이 잡된 시간을 마련할 수밖에 없었던 궁상스런 애환을 떠올리고는 모두가 배꼽을 잡아가며 웃어대기도 했습니다.

그 시절만 해도 선생님의 존재는 절대적이었습니다. 나 같은 사람에겐 선생님에 대해서 너무너무 무서웠던 기억밖에 나질 않습니다. 그러나 백발이 성성한 지금의 선생님에게선 전연 그때의 모습을 찾을 수가 없었습니다. 가족관계, 직업, 건강 등을 말씀하시는 선생님의 표정은 자상하기가 이를 데 없었습니다.

술잔이 몇 순배를 돌아갔습니다. 취중 얘기는 건강 문제로 집중되었습니다. 선생님께서도 건강에 대해서만은 각별한 관심을 쏟으셨습니다. 68세의 노구임에도 불구하고 당신의 건강에 있어서는 자신 있다고 뽐내보이기도 하셨습니다. 아침마다 '조깅'을 하신답니다. 때로는 운동장에 나가, '축구'도 하신답니다. 그리고 낮에는 산에 올라 '약수'를 떠오신답니다.

말씀을 듣고 보니, 선생님은 대단히 건강해 보이셨습니다. 얼굴이 동안이셨습니다. 너무나 짜증만 나는 도시환경에 찌든 제자들에겐 그 깨끗한 물, 맑은 공기, 적당한 운동으로 건강을 지키신다는 선생님이 마냥 부럽기만 했습니다.

잠시 후, 선생님께선 갑작스럽게 또 다시 침울한 표정을 지으셨습니다. 그리고는 느닷없이 '일자리'를 하소연 해오는 것이었습니다.

"오랜만에 만난 자네들한테 부탁하기는 퍽 쑥스럽네만, 나 일자리 하나 구해주게. 나이 먹었어도, 나 무슨 일이든지 다 할 수 있네."

당신께선, 아무 하는 일 없이 놀고먹게 되고 보니, 도저히 견딜 수 없다는 말씀이셨습니다.

"선생님, 아, 젊은 사람들도 직장 잡기가 어려운데 노인네를 누가 써주겠습니까?"

어느 짓궂은 한 친구가 응석부리는 말투로 농을 쳤습니다. 그러나 선생님의 호소는 계속됐을 뿐만 아니라, 급기야는 제자들을 훈도하는 분위기로까지 몰고 가셨습니다.

"젊은 사람들은 일하는 즐거움을 잘 모를 걸세. 일을 할 수 있는데도 일을 못하고 놀고 있다는 게 얼마나 불행한 일인가를 짐작인들 하겠나? 그건 자기가 맡은 일에 열심히 땀 흘리며 기쁨을 누려보지 않고서는 알 수 없지. 영국의 철학자 '러셀'이 가장 부러워했던 사람이 누구였는지 아나? 온몸이 땀으로 범벅이 된 '노동자'였네. 그 노동자의 전문 직업은 바위에 구멍을 뚫는 '석수쟁이'였어. 그는 키도 크고, 놀랄만치 발달된 근육을 갖고 있었지. 그렇지만 그는 전혀, 책을 읽는다거나 글을 쓰지도 못하는 사람이었네. 한마디로 일자무식이었다네. 재미있는 건, 국회의원 선거 때 자기가 한 표를 찍고 나서야 비로소 선거제도가 있다는 걸 처음 안 정도일세."

선생님의 음성에는 힘이 있었습니다. 용안에는 활기가 넘쳐났습니다. 마치 목마른 물고기가 물을 만나기라도 한 듯, 선생님은 역시 제자들을 만나야 살맛이 나시는 것처럼 보였습니다. 말씀은 계속되었습니다.

"그러니까 러셀이 부러워한 것은 바로 석수쟁이처럼 몰두할 수 있는 '일자리'였다네. 노동의 대가로 받는 보수는 소중한 게 아니지. 그 큰 바위를 뚫기 위하여 쏟는 정열이 소중하고, 그 과정 속에서 느낄 수 있는 성취감과 즐거움이 소중한 거야. 그래서 땀 흘리는 노동이 신성하다는 걸세."

선생님은 잠시 말씀을 끊으시고는 술 한 잔을 더 드셨습니다. 그리고는 이어서 이런 말씀을 주셨습니다.

"나는 진정으로 자네들이 생각하는 것처럼 그렇게 여러분을 사랑한

스승은 못 되었네. 다만 여러분들을 지켜보며 부러워만 했을 뿐이네. 그러나 이제 여러분들은, 나라는 사람이 오직 일자리만을 가장 원하고 있는 한, 하나도 내세울 것도, 보잘 것 없는 사람이라는 것을 알아주었으면 더없이 고맙겠네."

그때, 한 친구가 벌떡 일어서더니 목소리를 높여 소리쳤습니다.

"여러분, 우리 모두, 선생님의 일자리를 위해 건배합시다."

"건배!"

오래도록 선생님의 인생에 경의를 보내드리고 싶었습니다.

집 안팎의 일의 분담

중학생이 남녀평등에 대한 의견을 개진하는 자리에 낀 적이 있었습니다. 그들의 주장이 퍽 흥미로웠습니다. 자신들의 입장에서 한 치도 물러설 줄 모르는 채, 열띤 토론을 벌였습니다. 토론의 주제는 '집 안팎의 일의 분담'이었습니다.

"난 커서, 훌륭한 여성 외교관이 될 거야."

"무슨 소리야. 여자는 가정을 지켜야지. 여자마저 직장엘 다니면 애기 기르는 일은 누가 하니?"

"애기 기르는 일? 그런 일을 꼭 여자만이 해야 한다는 법이 어디 있어? 남자에겐 책임이 없다는 거니?"

"그건 책임 소재를 따질 문제가 아니라고 봐. 다만 집안일은 여자의 의무이니까 여자가 전담하는 것이 마땅하다는 말이지."

"그건 안 될 말이야. 직장 일은 여자나 남자나 다 할 수 있어. 집안일을 굳이 여자의 의무라고만 규정짓는 건 모순 아니니? 여자가 직장일 하느라 힘들 땐, 남자도 집안일을 얼마든지 도와줄 수 있잖아?"

"거 봐! 도와준다, 도와주지 않는다를 꼭 따질 게 뭐가 있어? 그걸 따지기 전에 여자가 가정을 잘 지키면 아무 문제도 없다고 생각해."

"그게 무슨 말이니? 남자나 여자나 인간은 모두 똑 같어. 남자들만 사회생활을 하라는 법이 어디 있어? 난, 무정하게 여자에게만 집안일을 맡기려는 남자와는 결혼 안 할 거야."

"그건 너무 일방덕인 생각 아니니? 입장을 바꿔놓고 생각하면 남자도 마찬가지지. 가정을 지키지 않겠다는 여자와 결혼할 남자가 어디 있어?"

남녀 중학생들의 주장은 팽팽했습니다. 집 안팎 일의 분담 문제를 놓고 자기 자신들의 먼 훗날까지 그려보는 진지한 시간이었잖나 여겨지기도 했습니다. 더 나아가, 그들의 토론은 전통문화에 나타난 남녀관과 바람직한 미래에 대해서까지도 언급하기에 이르렀습니다. 여학생은 우리 사회의 남녀차별적 관습을 비판하기도 했습니다.

지금까지의 전통적인 여성상은 오로지 남성들을 뒷바라지 하며 훌륭하게 자녀를 키우는 역할만 강조돼왔다는 것이었습니다. 따라서 이제는 평등한 입장에서, 여자들에게도 독자적 가치관을 갖고 자아를 실현시킬 수 있도록 인식의 새로운 변화가 반드시 이뤄져야 한다는 주장이었습니다.

이에 대해 남학생의 반대 역시 만만치 않았습니다. 우리 사회에서 남녀평등이 제대로 이뤄지지 않았던 건, 물론 제도적인 까닭도 있지만 그보다도 여성들 스스로가 노력을 포기하고 현실에만 안주했기 때문이라는 주장이었습니다. 바꿔 말하면 입으로만 남녀평등을 외쳤을 뿐, 실제적으로 평등 원칙이 수용될 만큼 여성들이 그렇게 활동하지 못했다는 것이었습니다.

나는 중학생들의 그런 얘기를 들으면서 참으로 교육의 힘이 크다는 것을, 그리고 비판 안목의 성숙도를 직감할 수가 있었습니다. 그들의 장래를 생각할 때 무척 기쁘기도 하고 한편 대견스럽기도 했습니다. 이젠 어른들이 아이들에게서 많은 것을 배워야 될 것 같다는 생각이 들기도 했습니다.

하지만 문제는 남녀평등을 이상적이라고 생각하면서도 전통적으로 머릿속에 깊이 자리잡고 있다는 데에 있습니다. 결국 이상과 현실 사이에서 그들도 이미 갈등을 크게 겪고 있는 셈입니다.

평등의 원칙은 자유와 인권을 존중하는 데 있습니다. 자유는 남에게 구속을 받거나, 무엇에 얽매지 않고 정해진 법의 테두리 안에서 자기 마음대로 행동하는 일입니다. 인권은 인간이 하늘로부터 타고난 개개인의 가장 소중한 권리입니다. 그 자유와 인권이 중시되는 사회는 살기 좋은 사회가 되는 것이요, 유린되는 사회는 살기 나쁜 사회가 되는 것입니다.

자유나 인권이 보장도, 존중도 되지 않는다면 인격, 신뢰, 사랑, 이해 같은 것은 기대되기 어렵습니다. 우리 현실 사회에서 흔히 일고 있는 남녀 불평등의 사례들은 곧 속박이나 유린의 반증이 아닐 수 없습니다. 그만큼 우리 사회 전반에는 아직도 남녀 차별에 대한 의식이 많다고 해도 지나친 말이 아닐 것입니다.

그렇다고 평등 의식이 하루 이틀에 성취될 수 있는 일은 아니라고 봅니다. 전통이나 문화 의식이 쉽게 변화되는 것이 아니기 때문입니다. 그런 까닭에 더더욱 끊임없는 노력이 요구됩니다.

교육적인 노력, 제도적인 노력, 개인적인 노력, 사회적인 노력이 마음과 실천을 통하여 함께 이뤄질 때, 우리는 보다 더 살기 좋은 나라를 건설할 수 있을 것입니다.

자학적인 교사상

강남 지역 어느 고등학교에 교사로 근무하는 대학 동기를 만났다. 소문이 자자할 정도로 아주 착하고 얌전한 친구이다. 더구나 그 친구는 천직으로 여기면서 벌써 20여 년째나 교직에 몸담아 온 터이기도 하다. 퇴근 시간 직전, 전화로 날더러 무조건 자기 학교 근처로 와달라는 것이었다.

기분도 좋시 않고 살맛도 나시 않아서 술이나 한잔 하자고 나를 불러냈단다. 만나자 마자 우리는 단숨에 천cc짜리 생맥주를 두 개씩 들이켰다.

친구는 흥분하기 시작했다. 까닭은 학교생활에 대한 불만 때문이다. 학교도 이제 윗 대가리 놈들이 다 망쳐 놓았다는 것이다.

친구가 언성을 높였다.

학기 직전에 새 교장, 교감이 부임해왔다. 물갈이된 평교사도 주임교사를 포함해서 4분의 1에 해당하는 스무 명이나 되었다. 보기 드문 인사이동이었다. 학교 분위기는 자연히 술렁거리게 되었다.

얘기의 핵심은 새 교장, 교감의 신분과 능력 쪽에 있었다. 교장, 교감이 어디 태생이냐, 무슨 대학 나왔느냐, 먼저 어디서 근무했었느냐, 인간성이 어떠냐, 누구의 줄을 타고 여기까지 왔느냐 등의 얘기가 주로 오고 갈 수밖에.

공립학교 풍토는 개인플레이다. 특히 평교사들 이동에 있어서만은 누가 들고 나가든 별 관심을 두지 않는다. 사립학교와는 그 점이 좀 다른 편이기도 하다. 너나 할 것 없이 한 학교에서 몇 년 근무하면 또 다른 학교로 옮겨지게 되기 때문이다. 어떤 학교건 사명감을 가지고 열심히 학생들만 잘 가르치면 그만 아닌가. 교장, 교감의 출생 지역, 출신 대학, 인간성, 백그라운드 같은 것이 사실 무슨 문제가 되겠는가.

그런데도 신임교사들이 부임한 이후, 학교에는 소문이 이상하게 꼬리를 물어갔다. 새로 부임한 교장, 교감이 유명한 실력자들일 뿐만 아니라 널리 알려진 해결사들이라는 것이다. 고위층 각계 인사들과의 연줄이 대단히 세다는 것이다. 먼저는 강원도 어느 중학교에 근무하고 있었는데 3년 전, 어느 날 갑자기 서울에 있는 모 중학교 교장으로 낙하산식 전보 발령을 받았다가 이번에 또다시 전격적으로 자기네 학교 교장으로 부임해 왔다는 것이다. 소문은 그것뿐만이 아니었다. 함께 온 교감과 평교사들 가운데 절반가량이 알음알음 새 교장의 끄나풀로 만나 몰려오게 되었다는 것이다.

신학년 준비 직원회의 때였다. 학교는 보통 그때에 사무분장과 학교 담임이 발표된다. 교사들의 흥분이 가장 고조되는 날이 바로 그 날이기도 하다. 발표 결과는 너무나 뜻밖이었다. 업무의 요직과 3학년 학교 담임은 거의가 새로 부임한 교사들로 배정되어 있었다. 역시 소문은 소문으로 끝난 것이 아니라 엄연한 현실적 사실로 밝혀진 셈이다. 새 교장이 왔으니, 금년에는 3학년 담임 한 번 해볼 수 있겠지 하고 마냥 믿었던 동료들의 기대는 모두가 산산 조각이 나고 말았다.

친구는 다시 천cc짜리 생맥주를 쭉 들이켰다. 혀 꼬부라진 소리마저 흘리기 시작했다. 취할 만큼 마신 셈이다. 술을 더 가져오라고 또 소리를 질렀다. 그 친구에게 술을 그만하자고 나는 말릴 수가 없었다. 얼마나 비위가 뒤틀렸으면 말수 적은 그 친구가 불만을 나에게까지 털어 놓겠는가.

친구의 불평은 계속되었다.

그까짓 것 담임이 무슨 문제인가. 3학년 담임이면 어떻고 1학년 담임이면 어떤가. 문제는 바로 횡포야. 학교도 이젠 정치판과 똑같아졌어. 살벌하기 짝이 없지. 비위 잘 맞추고 술 잘 사고 돈 갖다 잘 바치고 술수 잘 꾸미는 놈들이 다 잘되는 세상 아닌가. 능력? 인격? 사명감? 희생봉사? 위국? 애민? 다 허울 좋은 말들이지.

친구는 느닷없이 입가에 허탈한 웃음까지 흘렸다.

새 교장이 오늘 자기를 교장실로 불렀단다. 상냥한 표정을 지으며 교장이 말을 꺼내더라는 것이다. '인사기록 카드를 훑어보았다. 금년 말로 전보 대상자가 누구라는 걸 다 확인하였다. 전임 교장한테서도 대강 얘기를 들었다. 어디 가고 싶은 학교가 있으면 자주 만나서 의논하자. 자기가 힘쓰면 얼마든지 좋은 학교에 발령받게 할 수 있다.' 그런 등등의 말들이 오고갔단다. 거기까지는 아무래도 좋았다는 것이다.

교무실로 돌아오니, 또다시 교감이 부르더라는 것이다. 교감 역시 다정한 얼굴로 은밀하게 다음과 같이 말하더란다. '교장은 숨은 실력자이시다. 자기와의 관계는 고등학교, 대학교 선후배 사이이다. 앞으로 자주 접촉하면 퍽 좋을 것이다. 가끔 만나서 얘기를 나누자.' 그런 등등의 얘기를 나누고선 자기에게 굳은 결의의 악수까지 청하더라는 것이다.

흥분한 친구는 앞에 갖다 놓은 생맥주를 절반쯤 또 들이키고는 땅이 꺼져 라고 한숨을 내쉬었다. 화가 머리끝까지 치밀어 미치겠다는 것이다.

마구 욕설을 퍼부어댔다.

X새끼들! 죽일 놈들!

그런 놈들이 교장, 교감이라니. 뭐라고? 그런 모리배들이 학교행정, 학교인사, 학교서무를 관리해?

사회적 부정과 비리에 대한 통렬한 울부짖음이었다. 그의 화풀이는 계속되었다.

그러니 학교 꼴이 뭐가 되겠나. 염불에는 뜻이 없고 잿밥에만 마음을 두고 있으니. 어이가 없어. 정말 말로는 다 표현할 수가 없어. 복통이 터질 노릇이야. 어떻게 내가 학교 선생이라고 근무하고 있는지를 모르겠어. 내 자신이 싫어져. 참을 수 없이 미워져. 아, 그러니 오늘 술을 마시지 않을 수 있겠나?

자기 양심에 대한 자조적인 절규였다.

어쩌다가 학교 사회까지 이지경이 되었을까. 참으로 슬픈 일이다.

나도 온몸이 쑤시고 아프고 저려왔다.

슬플 때는 실컷 울어야 해

연(燕)나라에서 태어난 사람이 초(楚)나라에 살고 있었다. 나이 들어 늙게 되니 불현듯 고향을 찾고 싶었다. 고향이 있는 연나라로 가는 도중, 진(晉)나라를 거쳐 가게 되었다. 그때 동행하던 친구가 있었는데 이 친구가 그를 놀려줄 속셈으로 장난을 쳤다.

"저기가 연나라 도시일세."

어느 도시를 가리키며 친구가 말했다. 그는 깜짝 놀라며 얼굴 표정을 바꾸었다. 친구가 다시 어느 사당(祠堂)을 가리키며 말했다.

"저것이 자네 마을의 사당이네."

그러자 그는 깊은 한숨을 내쉬었다. 다시 어느 집을 가리키며 말했다.

"여기가 자네 조상들이 살던 집일세."

친구가 말하자, 그는 소리 없이 눈물을 주루룩 흘렸다. 이번엔 어느 무덤을 가리키며 친구가 말했다.

"이것이 바로 자네 부모의 무덤일세."

그는 그만 슬픔을 견디다 못해 엉엉 울고 말았다.

그제서야 친구가 껄껄 너털웃음을 지어 보이며 놀려댔다.

"이 사람아, 내가 한 말은 모두 거짓이었네. 여기는 아직 진나라일세."

친구가 장난친 줄 알고 나자, 엉엉 울던 그는 몹시 부끄럽기만 했다.

마침내 고향인 연나라에 도착하였다. 그러나 진짜 연나라의 도시를 보고, 자기 마을의 사당을 보고, 자기가 태어난 집과 그리고 부모의 무덤을 보았을 때에는 오히려 슬픈 마음이 들지 않았다.

『열자(列子)』에 나오는 주 목왕(周穆王)의 이야기이다. 주 목왕은 인간

본성의 인간 본성의 양면성을 꼬집고 있다. 거짓 앞에서는 슬퍼서 엉엉 울고 진실 앞에서는 오히려 슬퍼하지 않는, 한 인간의 양면성을 잘 보여 주고 있는 것이다.

지금 우리는 슬플 때 슬퍼하지 못하고 슬프지 않을 때 오히려 슬퍼하는 삶에 너무나 익숙해 있는지도 모른다. 그만큼 우리는 인간의 순수한 미덕을 자꾸 실종당해 가고 있는 느낌이다. 아마도 인간 순수성의 실종 현상은 현대사회의 자본주의와 각종 산업사회의 발달로 말미암아 얻어지는 가장 큰 병폐의 하나인지도 모른다.

사실 우리 사회는 요즘 슬프지 않으면서 공연히 슬픈 척하는 사람들이 너무나 많다. 좋아하지 않으면서도 기쁜 척하는 사람들이 너무나 많다. 사랑하지 않으면서도 사랑하는 척하는 사람들이 너무나 많다.

내가 좋아하는 사람 가운데 가장 가운데 가장 인간적이고 가장 강직한 성격을 지니고 있는 친구가 있었다. 그 친구는 늘 사회의 부정과 비리를 질타했다. 그리고 어떤 '척'하는 사람들로 변질되어 사는 사회 풍토를 가장 참을 수 없다고 격분했다. 그런 강한 성격의 소유자가 어떻게 나같이 우유부단한 사람을 둘도 없는 친구로 알고 좋아했는지 도무지 알 수 없다.

고 박정희 씨가 10월 유신 대통령이 되었을 때, 그 친구는 죽고만 싶은 심정이라고 울부짖었다. 고 전두환 씨가 체육관 대통령이 되었을 때, 그 친구는 민주주의의 실종을 땅을 치며 애통해했다. 자기 아버지가 노환으로 돌아가셨을 때, 그 친구는 하늘을 우러러 흐느끼며 통곡하였다.

경찰의 시위 학생에 대한 치사사건이 보도되었다. 그가 느닷없이 내 앞에 나타나더니 숨을 몰아쉬면서 치를 떨었다.

"어떻게 사람을 때려죽일 수가 있단 말인가."

그러고는 규탄대회에 앞장서겠다고 강한 의지를 표명했다. 그 이튿날 그는 정말 학생들에게 휴강 통보를 하고 그 시위에 참가한 뒤, 나에게 전화를 걸어왔다. 역시 그는 소리 없이 울부짖고 있었다.

그러던 친구가 그만 그 사건 뒤 일 주일 만에 심장병 악화로 영영 돌아올 수 없는 몸이 되고 말았다.

강한 성격을 지닌 그 친구에게 나는 항상 참고 견디는 견인주의자적 수양을 쌓으라고 수없이 일렀었다. 그럴 적마다 그 친구는 도리어 나를 강경한 어조로 타일러 되받아쳤다.

"슬플 때는 실컷 울어야 해."

현대그룹의 총수 고 정주영 명예회장이 "불우 이웃을 위해 써달라."며 통치자에게 거액의 정치 헌금을 했다고 폭로했다. 고 노태우 대통령은 "과거의 관행대로 받아썼다."고 시인했다.

고 김대중 민주당 공동대표도 "여권에 비하면 황우일모(黃牛一毛)에 지나지 않으나 역시 기업으로부터 다소 얻어 썼다."고 털어놓았다. 고 김영삼 민자당 대표최고위원도 성금을 받아썼다고 밝혔다. 그러면서 그는 "한국 민주주의 발전에 크게 기여하는데 쓰여졌다는 점을 자랑스럽게 생각한다."고 덧붙였다.

아직도 단칸 셋방에서 우글거리며 사는 사람들이 얼마나 많은가. 몇 식구의 생계 때문에 발을 동동 구르는 사람들이 도처에 얼마나 많은가.

어디 그뿐이겠는가. 백 원 한 닢이라고 더 벌어 볼세라, 등에 지고 머리에 인 채, 온종일 소리쳐대는 행상인들은 얼마나 많은가. 허리띠를 졸라매면서도 법을 지키며 착하게 사는 게 떳떳한 삶이라고 조용조용히 타이르는 사람들은 또 얼마나 많은가.

그런데 어떻게 수백 억 원의 돈이 영수증도 한 장 없이 비공식적으로 왔다 갔다 할 수 있는지 도무지 이해가 가지 않는다. 그러고도 준 사람이나 받아먹은 사람 모두가 다 뻔뻔스럽고도 멀쩡하기만 하다. 아무리 생각해도 민주주의 발전에는 아마 '관행(?)'이라는 것이 꼭 있어야 되나 보다. 정말 답답하고 분통터질 노릇이다.

지금 나는 '관행(?)'이라는 이 엄청난 통치권 비리를 접하고도 별로 슬픈 마음이 들지 않는 까닭은 무엇 때문일까. 지하에 묻혀 있는 그 친구의 말이 새삼 떠오른다.

"슬플 때는 실컷 울어야 해."

아, 그렇구나. 정말 슬플 때에 실컷 울어보지 못한 자들이 어떻게 그의 깊은 뜻을 알 수 있단 말인가.

3장

수다쟁 이론

수다쟁이론

수다쟁이란 말 많은 사람을 일컫는다. 말이 많은 사람은 늘 잘 떠드는 사람이다. 있는 말, 없는 말을 잘도 주워섬기는 사람이다. 언제 어디서나, 어떤 사람을 만나든 떠벌이지 않고는 못 배기는 사람이다.

그런 사람은 떠들 말, 안 떠들 말을 분별도 않고 떠든다. 잘난 체도 도맡아 한다. 소란스럽기 짝이 없다. 수다를 떨다 보면 자연히 수선스러워지기도 하고, 또 수선스러워지다 보면 나중에는 주책까지도 부리게 마련이다.

어쨌든 말 많은 사람은 어딘지 모르게 주위가 산만하다. 아무리 중후한 인물이라도 무게가 있어 보이질 않는다. 독똑해 보이면서도 실속이 없고 경망스럽다 보니 신용도 없어 보인다. 수다쟁이는 결국 자기 말에 자기가 놀아나는 꼴이 되고 만다.

보통 어느 모임에나, 어느 자리에나 수다쟁이는 늘 있다. 수다쟁이가 끼어야만 한바탕 떠들게 된다. 여자, 남자를 구별할 게 아니다. 떠들어대는 덴 여자고 남자고 막무가내다. 더구나 요즘은 자기선전 시대가 아닌가. 수다쟁이에게는 좋은 시대가 온 셈이다. 떠들어대야만 다른 사람으로부터 인정을 받을 수 있다. 하기야 울지 않는 아이에게 누가 젖을 주겠는가. 틀림없이 젖을 빨 수 없는 아이만 불상해질 것이다.

종류를 따진다면 수다쟁이도 수없이 많을 것이다. 그러나 내 경우로는 수다쟁이를 네 가지 분류로 갈라 보고 싶다. 이를테면 과시파 수다쟁이, 욕설파 수다쟁이, 험담파 수다쟁이, 음담파 수다쟁이 등이 그것이다.

과시파 수다쟁이는 다혈적인 우월감에서 말을 많이 하는 것이 특징이다. 우월감을 과시해 보이자니 비교적 허장성세가 심한 편이다. 꽤나 허풍을 잘 떠는 사람이다. 허풍을 떨자면 자연 위선적인 과장을 섞어 말할 수밖에 없다. 적당히 거짓말도 섞어야만 떠들 맛이 난다는 것이다. 결국 주워들을 말의 핵심은 거의 없다. 아는 지식, 인물을 혈연, 지연, 학연 등 모든 것을 동원시켜 과장하는 데만 열을 올린다. 자기도취적인 웅변형이라고나 할까.

욕설파 수다쟁이는 비인격적인 열등감에서 말을 많이 하는 것이 특징이다. 열등감을 은폐시키자니 자연 몰상식한 언행을 서슴지 않게 된다. 특히 욕설을 퍼붓지 않고서는 직성이 안 풀리는 사람이다. 말을 욕으로 시작해서 욕으로 끝내는 게 보통이다. 욕설을 주고받을 수 있는 사이를 대인관계의 친밀감으로까지 규정한다. 친구 사이에는 적당히 욕설이 오고가야 재미가 있다는 것이다. 자기 직설적인 발악형이라고나 할까.

험담파 수다쟁이는 비인간적인 태도로 남을 헐뜯는 말을 많이 하는 점에서 남다르다고 할 수 있다. 자기 비위에 맞으면 무조건 좋고 맞지 않으면 무조건 나쁘다는 사람이다. 상대방을 깎아내리거나 아니면 상대방이 없는 데서 그에 대한 비방을 흔히 제삼자에게 떠벌이기 일쑤이다. 수다거리도 되지 않는 걸 가지고 시시콜콜 험담하는 것이다. 수법도 야비하다. 체면 같은 것도 없다. 결국 누워서 침 뱉기가 되고 마는 데도 말이다. 자기당착적인 모략형이라고나 할까.

음담파 수다쟁이는 좌석의 분위기에 다라 남을 웃기기 위해 말을 많이 하는 것을 자랑으로 삼는다. 흔히 성적 유희담이나 성적 경험담 또는 성적 희롱담 같은 것을 가지고 패설을 잘 떠벌이는 사람이다. 좀 유치하다거나 주책이 없다는 평을 감내하면서도 거침없이 토해낸다. 설령 실속은 없다 하더라도 일단 만났으면 웃고 즐기다가 헤어지자는 의도이다. 가뜩이나 골치 아픈 세상인데 굳이 비위 틀리는 얘기는 할 필요가 없다는 지론이기도 하다. 자기오락적인 객담형이라고나 할까.

말 많은 사람이 말 적은 사람보다도 더 오래 산다는 말이 있다. 스트레스가 만병의 근원이 된다는 의학적인 근거에서이다. 사실 저 잘난 멋에 사는 게 인생 아닌가. 짧은 인생에 있어서 저 잘난 멋으로 산다는 것은 하나의 즐거움이랄 수도 있다. 말 많은 것이 저 잘난 멋의 즐거움이 된다면 더욱 그렇다.

그러나, 나는 추호도 말 많은 수다쟁이를 비호하고 싶은 생각은 없다. 그렇다고 또 말 많은 수다쟁이를 추호도 비난하고 싶은 생각도 없다. 말이 많다는 것은 말이 적다는 것과 상대적이기 때문이다. 말 많은 사람이 있기 때문에 말 적은 사람이 있고 말 적은 사람이 있기 때문에 말 많은 사람이 있는 게 아니겠는가.

말의 많고 적음이 상대적이라면 말하는 사람과 말 듣는 사람에게도 각각 저마다 까닭이 있으리라. 하지만 언어활동의 미덕은 상대방의 인격을 존중하는데 있다. 상대방의 인격을 존중하지 않는 언어생활은 삶의 아름다운 교감을 얻어내기 어렵다. 철면피가 따로 있는 게 아니다.

안하무인, 유아독존, 권위의식, 책임회피 같은 언동을 정당화시키려는 과시, 욕설, 험담, 음담 등의 수다를 떠들어댄다면 그것은 대인관계의 위화감, 거부감만을 불러일으킬 뿐이다.

말이 말을 낳고 그 말이 화근을 만드는 경우가 얼마나 많은가. 말 한마디로 천 냥 빚을 갚는다지만, 천 냥 빚은 고사하고 남의 비위나 거슬리지 말았으면 얼마나 고마우랴. 인격을 존중치 않는 언행은 만행이요, 폭력이다. 나는 언어폭력의 수다를 철저히 배격한다.

나는 웬지 되도록 말을 아끼면서 살고 싶다. 예쁜 말 고운 말만 골라서 하고 싶다.

동물근성의 추방

세상은 하루하루가 다르게 달라져 가고 있다. 물질적 풍요에서 우리는 달라져 가는 세상의 모습을 피부로 느끼게 된다. 입는 것, 먹는 것, 거주하는 것에 있어서 모든 것이 마냥 편리해져만 간다.

지난날 헐벗고, 굶주리고, 추위에 떨던 물질적 빈곤의 역사가 언제 있었던가 싶다. 살기 좋아진 것만은 틀림없나 보다.

도시마다 빌딩 숲이 우거지고 거리마다 마이카의 행락객이 붐빈다. 다채로운 무늬로 짜여진 값비싼 옷들이 백화점 상가마다 즐비하다. 계절 따라 길고 짧은 의상들을 사서 입고, 호텔이나 가든의 뷔페를 찾아 입맛에 맞는 음식을 골라 먹는다. 부른 배를 튕기면서 커피숍에도 들른다.

이빨을 쑤시면서 그들은 한결같이 치솟은 부동산값 얘기로 꽃을 피운다. 남는 건 땅밖에 없다는 결론을 끌어낸다. 그리고 또 억세게 부동산 투기를 결심한다. 물질적인 탐욕은 끝없는 것인가 보다.

사람이 제 잘난 멋에 산다는 게 맞는 말인 듯싶다. 주머니 사정들이 좀 좋아지니까 모두들 자신만만해 보인다. 세상에 뭐가 부러울 게 있느냐는 사람들이 부쩍부쩍 늘어간다.

인격이고 지식이고 교양이고는 모두 뒷전으로 돌린다. 개같이 벌어 정승같이 쓴다는데, 남에게 뭐가 꿀릴 필요가 있겠냐는 배포들이다.

물론 없는 것보다는 있는 게 낫다. 못 가진 것보다는 가진 게 낫다. 약한 것보다는 강한 게 낫다. 배고픈 것보다는 배부른 게 낫다. 추위에 떠는 것보다는 따뜻한 게 낫다. 사실 잘 먹고 잘 입고 좋은 집에 살겠다는

데 싫어할 사람이 누가 있겠는가.

그러나, 지금 우리 사회는 너무나 답답하고 을씨년스럽기만 하다. 제 잘난 멋에 산다는 사람들이 너무나 천방지축 날뛰고 있기 때문인지도 모른다.

있는 자의 오만, 가진 자의 타락, 강한 자의 폭력, 배부른 자의 안일이 난무하는 세상이다. 사회 구석구석 썩지 않은 곳이 어디 있느냐는 개탄의 소리가 여기저기서 들려온다.

물질만능의 횡포 앞에 빚어지는 결과는 불을 보듯 뻔하다. 인간다운 자기의 몫을 떳떳하게 챙길 수가 없기 때문이다. 정치 부재와 지도층의 비리, 기업의 투기와 노사 간의 갈등 등 우리 사회가 안고 있는 구조적인 문제는 이루 다 나열할 수 없을 정도로 너무나 심각하다.

어처구니 없게도 우리 사회는 오늘날 비정상적, 비윤리적, 비상식적, 비합리적, 비합법적, 비공식적, 비논리적 방법 들만 동원하고 있다. 한마디로 말하면 '비(非)' 자가 판을 치고 지배하는 사회라고 해도 조금도 지나치지 않는다.

결국 물질적 풍요는 탐욕을 조장하고 탐욕은 투기로 번지고 투기는 금권의 전횡을 낳는다. 금권 앞에 온갖 비리가 난무하고 인권이 경시되고 불신감이 팽배하여 사회가 혼란스럽다. 불안하기 짝이 없다.

우리는 이제 탐욕을 절제할 때가 왔다. 근본적으로 투기를 억제하고 금권의 전횡을 막아야 한다. 집권욕 때문에 정치가 부재하고 투기욕 때문에 경제가 파탄되어서야 어찌 살기 좋은 세상이라 할 수 있겠는가.

인간의 사악한 동물 근성이 곧 불신과 경계의 원초라 할 수 있다. 일찍이 맹자가 인(仁), 의(義), 예(禮), 지(智) 사단설(四端說)을 내세운 것도 따지고 보면 인성의 동물화를 걱정한 까닭이 아닌가.

동물 근성을 추방하지 않고는 보다 밝은 내일을 기약할 수 없다. 그 까닭은 분명히 물질적 풍요가 밝은 내일을 위한 만능적 수단이 될 수 없기 때문이다.

불신감, 그리고 그 아이러니

법은 필요악일까. 법은 우리의 자유를 막고 때로는 신체적 구속에 강제력을 행사하기도 한다. 그런 점에서는 확실히 법은 달가운 존재일 수가 없다.

하지만 법이 없다고 한다면 우리 사회는 어떻게 될까. 아마도 안전한 생활을 할 수 있다고 생각하는 사람은 한 사람도 없을 것이다. 따라서 법은 분명히 필요한 존재일 수밖에 없다.

그런데 법이 있다 해도 요즘 세상은 정말 살아가기가 두렵고 겁난다고 한다.

성폭력 때문에 두렵고 인신매매 때문에 겁난다. 살인강도 때문에 두렵고 어린이 유괴 때문에 겁난다. 공안 정국 때문에 두렵고 물가 불안 때문에 겁난다. 폭력배 때문에 두렵고 교통사고 때문에 겁난다. 환경오염 때문에 두렵고 수질오염 때문에 겁난다. 정치, 경제 비리 때문에 두렵고 대학 입시 부정 때문에 겁난다.

세상 살기가 온통 두렵고 겁나는 것뿐이란다. 법이 있으나마나한 세상 같다.

틀림없이 자연 가운데서 가장 무서운 건 인간이 아닐 수 없다. 온통 겁만 나는 세상에서 가장 무서운 게 뭐냐고 사람들에게 묻는다면 열에 아홉은 다 '인간'이라고 대답할 것이다. 결국 인간 스스로가 서로를 겁내고 서로를 두려워하고 서로를 믿지 못하게 만들기 때문이다.

그 만큼 인간은 잔인한 동물일까.

우리는 따스한 체온을 나누어 가질 수가 없다. 인간이 인간을 겁내고 인간을 두려워하고 인간을 믿지 못한다는 것은 하나의 죄악이리라. 겁내고 두려워하고 믿지 못할 일은 모두 다 인간들이 저질러내고 있지 않은가. 순수를 겨냥한 인간의 포악성 때문에 어쩔 수 없이 우리는 서로가 서로를 경계할 수밖에 없다. 왜 이렇게 인간의 심성이 자꾸 사악해져만 갈까.

불신을 전제로 할 때 경계심은 인간의 마음속에 자리를 잡게 된다. 우리의 마음속에 경계심을 자리잡고 있는 한 우리는 아는 사람도 경계해야 하고 모르는 사람도 경계해야 한다. 이해할 수 있는 사람도 경계해야 하고 이해할 수 없는 사람도 경계해야 한다. 서로가 서로를 믿지 못한다면 그 사회는 곧 인간성 상실을 반증하는 것이다.

인간성이란 인간의 본성 즉 인간의 인간다운 본연의 심성을 뜻한다. 우리는 사랑하는 마음, 의로운 마음, 존중하는 마음, 슬기로운 마음, 신뢰하는 마음 들을 타고 났다. 날 때부터 타고난 마음이 인간 본연의 심성이요, 순수한 자연의 마음이다. 인간 본연의 심성 때문에 우리는 서로 더불어 살아갈 수 있지 않은가.

순수한 자연의 마음을 잃어갈 때, 우리는 서로가 서로를 겁내고 서로를 두려워하고 서로를 믿지 못하게 된다. 서로가 미워하는 만큼 서로를 증오할 수밖에 없고, 서로가 부정한 짓을 행하는 만큼 서로를 헐뜯을 수밖에 없다. 서로가 믿지 못하면 못할수록 우리의 사회는 그만큼 경직되어 갈 수밖에 없다.

법 앞에서는 만인이 평등하다.

법은 인간 본연의 심성을 지켜줄 수 있는 최후의 수단이요, 인간 신뢰를 구축할 수 있는 마지막 보루이다. 그렇다면 엄연히 법이 존재하는데도 우리가 서로를 신뢰할 수 없다는 것은 분명히 모순이다. 인간의 불신감, 그리고 그 아이러니는 바로 그 인간 사회의 모순 속에 있는 것이 아닌가.

요즘처럼 우리 사회의 모순이 팽배된 적도 일찍이 없었다. 권위주의, 기회주의, 형식주의, 무사안일주의, 적당주의, 패배주의, 냉소주의, 이기적인 극단주의, 소신부족, 주인의식결여, 무관심, 책임 회피와 같은 모순들이 우리 사회의 구석구석에 도사리고 있다.

자기의 일을 소중히 여기며, 최선을 다하는 사회, 자기의 일 속에서 삶의 기쁨과 보람을 찾는 사회, 정당한 땀의 대가로 성취의 기쁨을 누리는 건강한 사회가 그립고 아쉽다. 서로가 신뢰할 수 있고 서로가 이해할 수 있고 서로가 공감할 수 있는 다뜻하고 포근한 사회가 그립고 아쉽다.

자율하는 천성을 얻어 영혼을 삼기 위해 이제 우리는 모두모두 인간의 불신감, 그리고 그 아이러니를 인간 본연의 심성으로부터 멀리멀리 몰아내야 할 것이다. 지금이 바로 우리는 우리들의 꿈을 향한 주체적인 인간성의 신뢰감을 찾아 화합의 기틀을 마련할 때이다.

오래 산다는 것

나고 죽는 건 하늘에 달려 있다고 말들을 합니다. 자기 마음대로 할 수 없는 일 가운데 가장 대표적인 예일 것입니다. 생사 문제는 사실 인위적으로 어떻게 해볼 도리가 없는 문제가 아닌가 여겨집니다.

암만 늙지 않겠다고 해봐야 늙지 않을 사람이 없습니다. 암만 병들지 않겠다고 해봐야 병들지 않을 사람이 없습니다. 마찬가지로 암만 죽지 않겠다고 해봐야 죽지 않을 사람이 없습니다. 마음대로 할 수만 있다면 어떤 사람이 늘고 병들고 죽고 하겠습니까.

그런데 요즘 사람들은 대부분 억지로라도 무조건 오래 살고 싶어 하는 쪽인 것 같습니다. 모두들 맨 건강타령들 뿐입니다. 물론 가진 사람들의 얘기라고 고까워 할 사람도 있을지 모르지만 건강식품, 건강식수, 건강운동, 건강욕, 영양제 등. 전에 없이 건강 열기를 더해가는 걸 보면 사람들이 얼마나 오래 살기를 바라고 있는지 알만 합니다.

한국인의 평균 수명이 일흔 살을 넘겼다는 건 이미 오래 전의 보도였습니다. '칠십고래희(七十古來稀)'라는 말은 벌써 옛 얘기가 되고 말았습니다. 그만큼 살기가 좋아졌기 때문인지도 모릅니다. 그래서인지는 몰라도 어떻게 보면 모두들 마치 '오래 살기 대회'라도 벌이고 있는 듯한 느낌마저 듭니다.

내 주위 사람들도 오래 사는 것 자체가 삶의 목표인 양, 먹는 것도 남보다 더 잘 먹어야 하고 주거환경도 남보다 더 고급으로 꾸며야 하고 잠자는 것도 남보다 더 많이 자야 한다고 말들을 하고 있습니다. 말하자면 요즘 세상에 오래 사는 걸 빼놓고 바랄 게 또 뭐가 있느냐는 것입니다.

일본의 어느 교수가 장수하는 사람들을 조사해서 발표한 적이 있습니다. 그가 발표한 장수 순위에 의하면, 첫째 스님, 둘째 교수, 셋째가 실업가, 넷째가 정치가, 다섯째 의사, 여섯째 공무원, 일곱째 회사원, 여덟째 노동자 등의 순으로 밝히고 있습니다. 끝으로 수명이 비교적 짧은 사람은 예술가로 나와 있습니다.

예나 지금이나 스님들이 가장 오래 산다는 건 이해가 갈만 합니다. 환갑을 넘기기 어려웠던 옛날도 스님들은 보통 일흔 살 이상을 살았답니다. 스님 같은 종교인이 오래 사는 까닭을 들자면 과식을 하지 않고 섭생(攝生)을 즐긴다는 것, 심신단련을 게을리 하지 않는다는 것, 물 좋고 산 좋은 곳에서 지낸다는 것, 독경으로 마음의 안정을 찾는다는 것이었습니다.

한편 교수, 실업가, 정치가들이 비교적 오래 사는 까닭으로 그들이 삶의 목적을 뚜렷이 가지고 스트레스를 풀어 가는 방법을 잘 알고 있기 때문이라는 것입니다. 반면에 예술가들에게 있어선 생활이 불규칙적이라는 점을 들어 단명의 가장 큰 이유로 지적하고 있습니다.

생각해 보면 과식 엄금, 심신 단련, 깨끗한 환경, 마음의 안정, 삶의 목표, 스트레스 해소, 규칙적인 활동 등이 장수의 요결로 거론되고 있다는 것을 알 수 있습니다. 그렇다면 결국 오래 사는 사람은, 남보다 먹는 것도 더 잘 먹어야 하고 남보다 주거환경도 더 고급스러워야 하고 남보다 잠도 더 많이 자야만 오래 사는 게 아닌 것 같습니다.

장수하는 것이 절대적으로 좋은 일인지, 좋은 일이 아닌지는 사람마다 생각이 다를 수도 있을 것입니다. 건강하게 오래 사는 사람이 있는가 하면 병중에 오래 사는 사람도 있습니다. 또 하는 일 없이 오래 사는 사람이 있는가 하면 열심히 활동하면서 오래 사는 사람도 있습니다.

그저 모으기만 하면서 오래 사는 사람이 있는가 하면 전부 베풀면서도 오래 살지 못하는 사람이 있습니다. 갖은 비난을 받으면서도 오래 살지 못하는 사람이 있습니다. 못되게도 남을 등쳐먹으며 오래 사는 사람이 있는가 하면 온통 남을 위해 헌신하면서도 오래 살지 못하는 사람이 있습니다.

별의별 사람이 다 있습니다. 물욕, 식욕, 명예욕, 수면욕에 사로 잡혀 오래 살지 못하는 사람이 있는가 하면 진, 선, 미, 예, 지, 용, 덕, 의를 행하면서 오래 사는 사람도 있습니다. 반대로 떳떳하게 살고자 하는 사람이 오래 살지 못하는 경우도 있고 마지못해 억지로 살고자 하는 사람이 오래 사는 경우도 있습니다.

내 절친한 친구 하나가 몸 편히 살겠다고 시골로 이사한 지 6개월 만에 갑자기 죽었습니다. 황소 같이 힘 좋다는 사람이 아프단 말 한 마디 못하고 죽었습니다. 물 좋고, 산 좋은 곳에서 마음의 안정을 누리려던 그였습니다. 스트레스를 푸는 방법도 잘 알고 있던 그였습니다. 스트레스를 푸는 방법도 잘 알고 있던 그였습니다. 어떤 욕심에 사로잡혀 자신의 건강까지 해칠 만큼 그런 무지한 사람은 아니었습니다.

허무한 죽음은 한없는 비극이기도 합니다. 욕심대로 산다고 할 것 같으면 그 친구야말로 오래오래 살았어야 할 사람이었습니다. 정말 나고 늙고 병들고 죽어가는 일은 헤아릴 길이 없습니다. 그저 불가사의하다고만 말할 수 있을 뿐입니다.

오래 살기를 욕심낸다는 건 부질없는 짓입니다. 마음대로 될 수 없는 일을 욕심낸다는 것 자체가 인간의 어리석음입니다. 부질없는 어리석음 때문에 더 큰 어리석음을 낳는지도 모릅니다.

'오래 산다는 것' 그것은 남을 위해 자기 자신을 과감하게 던져버릴 수 있을 때, 오히려 오래 살 수 있는 게 아닐까를 깊이깊이 생각해 봅니다.

승용차의 고급화 그리고 폐단

나는 8년 전부터 '포니2' 승용차를 운전한다. 지금까지 이렇다 할 고장도 없거니와 크고 작은 사고도 발생한 적이 없다. 나는 승용차를 출퇴근용으로만 얌전하게 이용하고 있을 뿐이다. 왕복 40분 정도 걸리는 학교까지만 주로 왔다 갔다 하게 되니까 사실 나에게는 크고 값비싼 차가 그렇게 필요치 않다.

내 친구들은 툭하면 나에게 비난을 보내온다.

"죽을 때까지 그 차 한 대만 계속해서 타고 다닐 것이냐, 새 차로는 몇 번이나 더 바꿔 탈 수 있겠느냐, 살아가는데 체면이라는 것도 있지 않느냐, 세상을 왜 그렇게 옹졸하게만 사느냐, 얼마나 오래 산다고."

나는 친구들의 그런 안목에 신경 쓰지 않는다. 그들이 나를 어떻게 생각하든 그것은 내 소관이 아니다. 그들의 뜻이요, 그들의 주관이다. 나는 내 뜻, 내 주관대로 살아가면 된다. 평생을 오로지 검소한 생활로 일관할 것이다. 나는 다만, 책을 읽고 쓰고 연구하고 준비하여 학생들을 가르치는데 욕심을 낼 뿐이다.

나는 경건한 자세로 핸들을 잡는다. 차분한 마음으로 운전을 한다. 남에게 양보를 하면 했지 양보를 구하지 않는다. 내가 다른 차를 피하면 피했지 가까이 접근하지 않는다. 오만불손한 질주는 절대로 삼간다. 난폭 운전자 때문에 내 마음을 상하게 하지도 않는다. 항상 감사하는 마음으로 목적지까지 운행할 뿐이다.

차종이야 어떻든 간에 승용차도 세상에 태어났을 때에는 일단 생명력을 갖고 수명 시한을 보장받는다. 10년이건, 20년이건, 폐차시킬 때까지

고장 없고 사고 없이 잘 굴러다니기만 하면 승용차는 고마운 존재가 아닐 수 없다. 기름이 적게 들면 더 없이 좋다.

소형보다 대형이 좋고, 경형보다 중형이 좋고, 구형보다 신형이 좋고 값싼 승용차보다 값비싼 승용차가 좋다는 건 인간의 본능적인 호기심이나 소유욕으로 보아 그 누구나 이해 못할 바도 아니다. 그렇다고 생활여건이나 운행목적에 큰 변동이 없는 한 분수에 넘치는 소비 패턴은 국가적인 차원에서도 바람직한 일이 못된다.

승용차에다 사람의 인품을 연결시켜 승용차의 권위를 인정하고 운전자의 인격까지 저울질하려는 발상은 언어도단이다. 승용차가 재산 목록으로 치부되고, 자기의 생명이나 인품까지 지켜줄 수 있다고 믿는다면 그것은 더더욱 위험천만이 아닐 수 없다.

역설일까. 그러나 현실적으로 그러한 사실을 많은 사람들이 긍정한다는 점에서, 우리 사회는 바로 구조적인 모순의 깊이를 더해가고 있다. 난폭 운전의 공포감, 세계 최고의 교통사고율, 인명 경시 풍조의 만연 등은 다 자동차 문화의 구조적인 모순으로부터 빚어진 결과가 아닐까.

승용차를 허세나 과시용으로 악용하는 사람들의 속성은 곧 승용차의 고급화를 부채질하는 우리 사회에서 금권을 숭상하는 자들의 횡포, 관권을 남용하는 자들의 오만, 금권과 관권에 빌붙은 자들의 불손 등이 잘 통용되고 있다는 사실에 다름 아니다.

고급승용차를 몰고 다녀야만 인간 대접을 받을 수 있단다. 호텔이나 음식점의 안내원이나 관리인들마저 허름한 소형차가 나타나면 본체만체, 가차 없이 손가락 하나만으로 뒤쪽 주차장 끝에 갖다 붙여대란다. 고급 승용차가 도착하면 손님은 VIP로, 차는 차대로 모신다는 것이다.

교통경찰에게도 그런 현상은 예외가 아니란다. 위반 차량이 소형이면 일단 스티커를 발부키로 결심하고 중형이면 운전자나 탑승자의 신분 감지를 위해 신경을 쓴단다. 소속기관의 상사와 연관되어 있는 인물이라든가 상부기관의 인사라든가 하면 최대한의 예우와 편의를 제공한다는 것이다.

유행병처럼 차량은 급속도로 늘어가고 있다. 네 사람 중 한 명 꼴로 면허증을 소지할 수 있게 되었으니 자동차도 계속해서 불어날 것이다. 마누라 없인 살 수 있어도 승용차 없인 못산단다. 교통체증이 끔찍하다. 주차 문제 또한 얼마나 심각한가. 골목마다 하루가 다르게 낯선 차들이 보인다. 밤이면 시내 곳곳, 어디나 주차장이다. 집 앞마다 세워놓은 '주차엄금' 팻말들이 볼썽사납다.

그뿐만이 아니다. 한 집에 살면서 주인집, 셋집 간의 주차 싸움도 꽤나 볼 만하다. 셋방살일 망정 승용차는 고급스러워야 한단다. 좀 더 좋은 승용차를 끌어야 마음에 위안이 온다는 논리이다. 승용차의 고급화가 정말 자기 체면유지의 보루라도 되는 듯, 승용차로써 열등감을 커버하려 드니 정말 웃기는 세상이다.

승용차 고급화의 후유증은 여기에서 머무르지 않는다. 분수를 무시한 채, 승용차만을 중시하게 되고 보니 점점 더 짜증내는 사람들로 변해간다. 마음속에 자리 잡고 있는 인간의 사악함이 여기저기에서 분출되고 있다.

고의적으로 승용차에 부딪쳐서 교통사고까지 유발시키고 그 사고에 대한 명목으로 보험금이나 합의금을 등쳐먹자는 폭력배까지 날뛰고 있다는 사실에 경악을 금할 수가 없다.

합법적인 사기행각이라고나 할까. 교통사고의 반인륜적 시나리오라고나 할까. 아이러니치고는 너무나 망측스러운 아이러니이다. 얼마나 할 짓이 없으면 차에 친 것처럼 꾸며서 돈을 뺏어 먹겠다고 생각할 수 있단 말인가.

승용차는 우리 생활에 있어서 대중화된 필수품이다. 승용차의 고급화는 좀 더 값진 것만을 선호하려는 사람들의 인위적으로는 도저히 막아낼 수 없는 본능적 욕구가 아니겠는가.

그렇다고 승용차의 고급화만이 능사는 아니다. 승용차는 오로지 교통수단으로서만 존재한다는 그 구실의 참뜻을 옳게 인식해야 할 것이다. 그 이상이나 또는 그 이하의 의미를 승용차에 부여한다는 것은 곧 그에 따른 폐단만 더욱 조장할 뿐이다.

'클레랑보' 증후군[3]

의학이 발달하다 보니까 병명도 가지가지이다. 그 가운데 '클레랑보' 증후군이라는 희한한 병명이 있다. '클레랑보' 증후군은 의학계에서도 잘 다루어지지 않는 정신병 증상의 한 가지이다. 1942년 '프랑스'의 '클레랑보'라는 정신과 의사가 처음 기술하기 시작하면서부터 씌어진 병명이란다.

'클레랑보'가 이 병명을 처음 기술할 때 증상의 주환자들은 여자들이었다고 한다. 미모의 여성들이 남성들로부터 지극히 사랑을 받는다고 하는 환상적인 착각이 바로 그 증세이다. '클레랑보' 증후군 환자는 자기보다 사회적으로 훨씬 월등한 지위에 있는 사람이 자기를 극진히 사랑해주고 있다고 광신하는 것이다. 광신의 대상자는 권력자, 재벌, 정치가, 변호사, 의사, 배우 등 유명인사들이 모두 해당된다.

그런데 재미있는 사실은 환자의 증상에 대한 정신의학적인 해석 방법이다. 환자의 대상 남자가 환자와의 애정관계를 일체 부인할 때 의학계에서는, 여자 환자 쪽에서 대상 남자더러 사랑하지 않는다고 말하라고 강요했기 때문에 그래서 일부러 대상 남자가 거짓으로 사랑하지 않는 체 할 뿐이라는 해석을 내린다는 것이 그것이다.

정신의학적인 해석을 전제로 한다면 가해자적인 '클레랑보' 증후군 환자의 만들기라도 했다는 듯, 가해자적인 입장으로 불리하게 인정받는

3) 클레랑보 증후군은 정신과 의사 가에탕 가시앙 드 클레랑보(Gaëtan Gatian de Clérambault)가 붙인 병명으로 자신보다 사회적, 경제적 지위가 높은 사람이 자신을 사랑하고 있다고 믿는 증상을 보인다. 가장 유명한 사례는 영국 국왕이었던 조지 5세가 자신을 사랑한다고 믿은 50대 프랑스 여성 환자다.

다는, 하나의 아이러니컬한 사회적 모순이 지적될 수 있다.

약자인 여성에 대한 동정심이라고나 할까. 어쨌든 남녀관계의 성적인 측면으로 보면 통념상 여자들이 피해자적인 입장이요, 남자들이 가해자적인 입장이라는 점에 사회적인 문제가 있다는 것이다. 이러한 사회적인 문제는 여권 신장이나 또는 성적 개방을 주장하는 여성들에게 다분히 악용될 소지가 없지 않을까 염려도 된다.

이를테면 여자 '클레랑보' 증후군 환자들이, 자기 주변에서 일어나고 있는 여러 가지 일들이 자기를 사랑하는 남자들 때문에 그렇게 잘 이루어져 간다고 치부하는 경우가 그 좋은 예이다. 회사에서 승진이 잘 되는 남편을 가진 여자는 자기 남편의 승진을, 그 회사의 높은 사람들이 자기를 좋아하기 때문에 시켜준 것으로 생각한다.

장사를 잘하는 남편을 가진 여자는 남편의 장사가 잘되는 것을, 자기가 사랑하는 남자들이 상점에 많이 찾아오기 때문이라고 생각한다. 남편이 받은 선물에 대해서는 다른 사람이 자기를 사랑해서 간접적으로 남편을 통해 선물을 보내온 것으로 생각한다. 어떤 연회 석상에서 남편이 여러 사람들로부터 존경을 받는 것은 다른 사람들이 자기를 좋아하기 때문에 자기에 대한 호감을 남편을 통해서 표시해 온 것으로 여기기도 한다.

우리나라에서는 이러한 '클레랑보' 증후군을 '색정광(色情狂)'이라고 풀이하기도 한다. 알맞은 말일지는 모르겠으나 '색정광'이라고 한다면 색정광 환자를 의미하게 되는데, 색광증 환자는 '색광(色狂)'이라고 해서 주로 남자 '호색가(好色家)'를 지칭하는 말이다. 일명 '색골' '색마' '호색광'이라고도 부른다.

'클레랑보' 증후군을 남녀관계의 성적 문제로만 관련시켜 본다면 특별히 이렇다 할 병이라고 말할 것까지도 없을 것 같다. 남성이나 여성에게 크게 해로울 게 없기 때문이다. 여성 쪽에서는 풍부한 매력에다 초점을 맞출 수 있고 남성 쪽에서는 넘치는 정력에다 초점을 맞출 수 있지 않은가.

교양미나 지성미, 미모나 외양의 섬세한 세련미를 과시하는 우월감 같은 것은 여성들에게 잘 나타나는 현상이다. 그리고 육체미나 건강미, 야성미나 강인성을 과시하는 우월감 같은 것은 남성들에게 잘 나타나는 현상이다.

그럼에도 불구하고 의학계에서 '클레랑보' 증후군을 하나의 정신질환으로까지 염려하는 까닭은 무엇 때문일까. 문제는 바로 자기 자신의 우월감을 충분히 조절할 수 없는데서 출발한다.

물론 '클레랑보' 증후군의 증상은 그 어떤 육체적, 정신적인 고통 같은 것을 수반하지 않는 것이 특징이기도 하다. 그러니까 만성질환에 속한다고도 볼 수 있다. 따라서 '클레랑보' 증후군은 특별한 치유법도 없다. 자기 자신의 우월감을 광신하는 증상 말고는 다른 어떤 기능도 다 정상이라는 것이다.

그러나 자기 자신의 우월감을 광신하는 '클레랑보' 증후군은 현대인의 마음속에 깊이 뿌리를 내리면서 사회적으로 여러 가지 문제를 유발시키고 있다. '클레랑보'가 처음 명명할 때처럼 여색(女色)이나 남색(男色)에 국한될 수 있다면 얼마나 좋을까. 곰곰 따져보면 현대 사회의 전분야 구석구석에서 이런 증상이 너무나 심각하게 드러나고 있는 것이다.

특히 한국 사회에서 유독 자기 자신의 우월감을 광신하는 망상에 젖어 있는 사람이 의외로 많다는 데에 놀라지 않을 수 없다. 말하자면 온 국민이 자기를 사랑하고 믿고 따른다는 망상 같은 것이다. 정치인, 기업인, 법조인, 교육자, 예술인, 근로자 할 것 없이 그런 망상에 사로잡혀 점점 더 사회적인 폐단을 불러일으키고 있다.

어떤 정치인은 시위 군중 앞에서 그들의 시위가 관제데모인 줄 뻔히 알면서도 거기서 외쳐대는 계획된 환호소리를 듣고 그것을 국민적 지지로 착각한다. 어떤 기업인은 자기 회사의 내수 제품이 수출 상품보다도 질이 떨어진다는 사실을 뻔히 알면서도 매출액이 줄어들지 않는 것을 보고 그것을 소비자들의 성원으로 착각한다.

어떤 법조인은 한 사건의 판결 결과가 자기의 양심상, 그릇된 것인 줄 뻔히 알면서도 방청석에서 터져나오는 야유소리를 듣고 그 소리를 국민적 반응의 호응 정도로 착각한다. 어떤 교육자는 자기의 강의 내용이 알맹이 없는 불성실한 것인 줄 뻔히 알면서도 학생들이 킬킬거리는 소리를 듣고 그 소리를 자기에 대한 학생들의 전체의 호감으로 착각한다.

어떤 예술인은 자기의 작품이 자기의 혼을 담아 만든 것이 아닌 줄 뻔히 알면서도 시청자나 관람자의 비판적인 시각을 보고 그들의 눈빛을 동호인들 전체의 자기 예술에 대한 높은 관심도로 착각한다. 어떤 근로인은 자기 자신이 눈치껏 열심히 일하지 않은 줄 뻔히 알면서도 열심히 일한 사람과 똑같은 보수를 받게 된 것을 알고 그것을 자기에 대한 회사의 신임으로 착각한다.

지금 우리는 어려운 시대에 살고 있다. 국민 모두가 도덕적 불신감으로 신음하고 있다. 전통적인 인간미마저 무섭게 실종되어 가고 있다. 더구나 '클레랑보' 증후군의 착각이나 망상은 도덕적 불신이나 인간미의 실종을 더욱 불붙일 것이다. 따라서 현실의 심각한 모든 어려움을 우리는 하루빨리 이겨가야 한다.

아마도 '클레랑보' 증후군의 후유증을 치유하는 특효약이 있다면 그것은 확실히 국민 각자가 자기의 도덕적 양심을 바로 세워가는 데 있을 것이다.

참고 또 참고 그리고 이해해야지

나는 남을 탓하지 않는 사람을 가장 신뢰한다.

조금만 더 내가 나를 알면, 조금만 더 내가 나를 생각하면, 조금만 더 내가 나를 이해하면 이 세상에 화낼 일이 뭐가 있겠는가. 자기 자신을 모르고, 자기 자신을 생각지 않고, 자기 자신을 이해하지 못하면서 어찌 남을 알고, 남을 생각하고, 남을 이해할 수 있겠는가. 남을 모르고, 남을 생각지 않고, 남을 이해하지 못하면서 남을 탓할 일은 아무 것도 없다.

나는 자기 자신을 탓할 줄 아는 사람을 가장 존경한다.

공자는 말했다. "자기 자신에 대해 알지 못하는 남을 탓하지 말고, 다른 사람에 대해 알지 못하는 자기를 탓하라." "다른 사람이 자기 자신을 알아주지 않는다고 해도 자기 마음을 거슬리지 않는다면 군자가 아니겠는가."라고.

남을 알고 이해하고 좋아하고 사랑할 수 있다면 우리 서로가 싫어하고 미워하고 싸워야 할 사람은 아무도 없다.

사람들은 마음이 조금만 언짢아도 화들을 곧 잘 낸다. 세상 인심이 각박해진 탓일까. 자제할 생각 같은 건 전연 하지 않는다. 마치 열병 환자들처럼 화들을 내고 있다. 그들은 넉살좋게 떠들어 댄다. 화풀이를 하고 나면, 뒤틀린 뱃속이 후련해지는 것 같다고.

이 얼마나 어리석은 소행인가. 하나만 알고 둘은 모르는 일이다. 남을 모르는 사람이 자기를 어찌 알 것이며 자기를 모르는 사람이 남을 어찌 알겠는가. 남의 인격을 존중할 줄 모르고 자기의 인격만을 내세우는 사람, 남을 위한 삶을 살 줄 모르고 자기만을 위한 삶만 살겠다고 고집하는 사람을 나는 가장 슬피 여긴다.

우리 속담에서 '오는 말이 고와야 가는 말이 곱다'는 이야기가 있다. 이 속담은 '너'와 '나' 사이에서 오갈 수 있는 인간적, 인격적 대화에 걸맞는 실증이 될 것이다.

너 때문에 내가 화가 나서 너에게 욕을 한다고 하면 네가 참을 수 있겠는가. 참지 못하는 네가 더 흥분해서 다시 나에게 심한 욕을 퍼붓는다고 하면 내가 참을 수 있다고 너는 생각하는가. 도저히 참을 수 없어 내가 감정을 폭발시키면 네가 또 참고 견뎌낼 수 있을까.

네가 견뎌낼 수 없어 또 다시 과격한 행동으로 나에게 대어든다면 내가 너의 과격한 행동에 가만히 당하고만 있겠는가. 너의 과격한 행동에 가만히 당하고만 있을 수 없는 나는 아마도 죽기로 너를 증오하고 적대시하게 될 것이다. 결국 '되로 주고 말로 받는다'는 격이 될 수밖에 없다.

화를 내면 흥분하게 되고, 흥분하게 되면 감정을 폭발시키게 되고, 감정을 폭발시키면 과격한 행동이 나타나게 되는 것, 이것은 뒤틀린 속을 더 뒤틀리게 할 뿐이요, 쌓인 스트레스를 더 쌓이게 할 뿐이다.

자기 자신의 흥분, 감정 폭발, 과격한 행동이 자기 혼자만의 일로 끝난다면 얼만 좋을까. 그러나 자기 혼자만의 일로만 끝내기가 쉽지 않은 일이다. '불쾌하다' '화나다' '흥분하다' '감정 상하다' '과격하다' 등과 같은 느낌들은 모두가 연쇄적이요, 상대적이기 때문이다.

자기가 불쾌해하면 상대방도 불쾌해지고, 자기가 화내면 상대방도 화를 내게 된다. 자기가 흥분해하면 상대방도 흥분하게 되고, 자기가 과격해하면 상대방도 과격해지게 된다. 다지고 보면 자기 자신에게 되돌아오는 하나의 업보가 아니겠는가.

화를 내서 잘될 일이란 아무 것도 없다. 더구나 자기 자신에게 되돌아올 업보라면 참고 또 참는 것이 상책이다. 그리고 이해하는 것보다 더 좋은 방편은 있을 것 같지 않다.

개인생활에 있어서, 누구나 자기 마음속에 도사리고 있는 미움이나 욕심 때문에 스스로 자기 할 일을 제대로 못할 때가 많다. 미움이 또 다른 미움을 불러들이고 욕심이 또 다른 욕심을 불러 들여 그 미움과 욕심이 인간의 이성을 마비시키기 때문이다. 인간을 미워하면서 인간을 어떻게 좋아할 수 있겠는가. 누구나 모두가 그렇다. 미워하는 마음을 가지고서는 인간의 아름다운 마음에 동화될 수가 없다.

가정생활에 있어서, 자식에 대한 부모의 사랑, 부모에 대한 자식의 존경, 형제들끼리의 우애, 부부 사이의 애정이 깊으면 깊을수록 할 말을 많이 하지 않아도 된다. 자식은 자식대로, 부모는 부모대로 방종과 무관심이 마음속에 자리잡을 때, 질서의식이 무너지고 가치관이 흔들리며 이기심이 팽배한다. 가족 모두가 그렇다. 식구들을 사랑하지 않고서는 따뜻한 인간애를 향유할 수가 없다.

사회생활에 있어서, 부동산 투기에 혈안이 되어 있다면 가지지 못한 자의 슬픔을 어떻게 알 수 있겠는가. 집권 야욕에 혈안이 되어 있다면 민초들의 슬픈 한을 어떻게 생각할 수 있겠는가. 부귀영화에 혈안이 되어 있다면 누리지 못한 자의 아픔을 어떻게 이해할 수 있겠는가. 사회 모두가 그렇다. 인간의 도리를 외면하고 이기심과 욕심만 가지고서는 민족 본연의 주체성에 순화될 수가 없다.

우리가 더불어 함께 살아가면서 참고 또 참고 그리고 이해한다는 것이 얼마나 어려운 일인가. 서로를 이해하고 좋아하고 사랑하기란 매우 힘든 일이다. 옛 사람들은 자기의 몸과 마음을 닦고 길러가는 데다가 평생을 걸었다. 공자는 인을, 석가는 자비를, 예수는 사랑을 깨닫기 위하여 일생을 바쳤다. 참고 또 참고 그리고 이해하려고 하지 않는다면 그들도 깨달음을 얻을 수는 없었을 것이다.

우직스럽게도 또 참고 그리고 이해하면서 살아가보자.

시한부 인생들

우리의 일상생활은 하나의 반복이다. 어제나 오늘이나 우리는 대개 비슷비슷한 일을 되풀이 하면서 살고 있다. 젊은 사람은 젊은 사람들대로, 늙은 사람은 늙은 사람들대로 그들은 늘 틀에 박힌 일에 매달려 안일한 타성에 젖어들고 있다. 살아 움직이고 있다는, 이리 뛰고 저리 뛰지 않으면 안 된다는 실존의 의미마저 느끼지 못하면서 그저 먹고 마시고 잠자며 무료한 나날을 보내기가 일쑤이다.

친구를 못 만날까 쓸데없이 안달을 부리고 이 사람 저 사람 연락해서 만나봤자 시들한 잡담에 알맹이 없는 넋두리나 늘어놓고 애써 남의 시선이나 내세워 자기의 주관 없는 행동거지를 일삼고 있는 것이다. 자기 성찰 같은 것은 거의 없고 다만 주어진 세태 속에 부침하면서 마치 속물적인 근성을 누리는 게 삶의 목적인 양, 목청껏 떠들다가 하루해를 보내는 범속(凡俗)한 일상생활이 계속되고 있을 뿐이다.

"아침에 도를 들으면 저녁에 죽어도 좋다"『논어』에 나오는 말이다. '도(道)'란 무엇일까. 삶의 진리? 인생의 길? 사물의 당연한 이치? '도'를 들으면 삶이 순탄하고 죽음이 편안하단다. 참으로 어려운 말이다.

어떻게 살고 죽는 것이 순탄하고 편안한 삶인가. 우리들의 평생 과제인 듯싶다. 이러한 평생 과제가 우리들에게 주어져 있기 때문에 우리는 삶을 생각하고 이웃을 사랑하고 떳떳하게 살기 위해 노력해야 하는지도 모른다.

요즘 우리는 어줍잖은 모방과 상식과 인습과 정보의 테두린 안에서 얼렁뚱땅 처신하면 무슨 걱정이 있겠느냐는 사람이 많은 것 같다. 그래서 자기가 지닌 개성의 빛깔이 퇴색되어 가도 아무렇지도 않게 생각한다. 그저 남의 장단에 춤이나 추면서 안일주의에 빠져 들고 있다는 것이다.

생각하면, 너무나 단조로운 생활이다. 지겹고 답답해 숨 막힐 일이다. 뭔가 신나는 일이 없을까 하고 여기저기를 기웃거리면서 그래도 연신 한눈만을 팔면서 살아가고 있다. 일상적인 타성에서 벗어나기 위해 사람들은 때로 책을 펼치기도 하고 나그네 길을 떠나기도 한다. 혹은 뚱딴지 같이 한강 인도교의 난간 꼭대기에 올라가 뉴스거리가 되어 보고 싶어 하기도 한다. 그러나 얼마 안 가서 자신의 그림자를 이끌고 무료한 생활의 위치로 다시 되돌아오고 만다. 어떻게 사는 삶이 최선의 삶일까. 보통사람으로서는 뾰족한 답을 가지기가 어려운지도 모른다. 어떤 사람은 어린 시절을 그리며 자기의 인생을 처음부터 다시 시작해 보았으면 좋겠다는 사람도 있다. 어떤 사람은 나이가 한 십 년만이라도 더 젊었으면 좋을까 하고 나이 먹은 것을 몹시 한탄하는 사람도 있다. 또 어떤 사람은 씨도 안 먹게 돈타령에 건강타령만을 일삼는 사람도 있다.

그러나 어린 아이들을 보면 그들대로 한없이 철부지 생활을 하고 있다. 생각이 없고 연약하고 게으르고 자기 앞가림도 못한다. 좀 젊다는 사람들은 터무니없이 거저 살려고 한다. 떼돈이나 생각하고 힘도 들이지 않고 인생을 즐기겠다는 심보들이다. 나이를 먹었다는 사람들은 또 그들대로 도락이나 생각하고 권위나 찾고 허세나 부리며 남은 인생을 적당히 얼버무리려는 삶의 태도들이다.

그렇다고 언제까지나 그런 안일한 타성에 젖어 살 수만은 없지 않은가. 자기 자신의 삶에 대해서 뭔가 좀 진지하게 생각할 필요가 있을 것이다. 중요한 것은 자기의 현재 생활에 대한 자기 자신의 마음가짐이 아닐까 생각한다. 육체적인 자기와 정신적인 자기를 놓고 볼 때, 어느 한쪽에 부족한 점이 있느냐 없느냐를 가늠해 본다는 것은 그만큼 자기 생활에 최선을 다할 수 있는 계기가 되지 않을까 한다.

자기 자신의 인생을 정말 사랑하는가. 자기 생활에 끔찍이 충실하고 있는가. 행동에 개선할 점은 없는가. 좀 더 인격적인 인간이 되려고 노력하는가. 무엇이든지 좀 더 배워보겠다는 자세로 생활하고 있는가. 맡은 일에 열심히 땀을 흘리는가. 검약한 생활이 얼마나 값진 일인가를 따지는가. 공과 사를 엄격히 구별할 때의 즐거움을 맛볼 수 있는가. 다른 사람의 아픈 마음을 조금이라도 이해하려고 애를 쓰는가. 남에게 눈곱만치라도 피해를 주는 일은 없는가.

죽음을 선고받은 환자나 사형수에게는 일분일초가 생명 그 자체로 실감된다고 한다. 그들에게는 내일을 기약할 수 없기 때문에 오늘을 더 진지하게 살려고 한다는 것이다.

한 번 태어난 인간은 언젠가는 죽게 되어 있다. 우리의 인생이 절대로 긴 게 아니다. 백 년이고 이백 년이고 마냥 오래 살지 못한다. 죽는 시한이 조금씩 다를 뿐이다.

'시한부 인생들!'

그럴수록 우리는 더욱 인간답게 살아가야 한다. 감사하는 마음으로 인생을 살아야 한다. 자기 인생에 사명감을 부여치 않고는 오늘 현재를 참되게 살 수 없다. 자기의 땀방울을 통하여 진정한 가치를 따질 수 있어야 한다. 살아 있는 한, 하루하루를 좀 더 의미 있게, 즐겁게, 의욕적으로 살아가지 않으면 안 된다.

4장

딸애의 귀가 시간

목욕체질도 팔자소관?

목욕할 때, 나는 공중목욕탕이 제일 좋다. 그것도 사우나를 곁들여 할 수 있는 대중탕이면 더 좋다.

홀딱 벗은 몸매로 욕실에 들어서면 너나 할 것 없이 똑같은 인간이다. 잘난 사람도, 똑똑한 사람도 따로 없다. 돈 많은 사람도, 권세 높은 사람도 부러울 게 하나도 없다.

따뜻한 욕수로 샤워를 즐긴다. 소금물로 두 눈을 닦아낸다. 그리고는 머리를 감고, 히프를 깨끗이 씻는다. 온몸을 비누질로 행군 뒤, 욕탕 속으로 발을 들인다.

온탕, 열탕, 냉탕, 사우나탕을 한 바퀴 들락거리면서 땀을 흠뻑 흘리고 나면, 그저 만사가 태평해지는 느낌이다. 좋은 물을 마시고 좋은 물로 목욕을 하면 병치레도 없고 빚도 안 지며 마누라를 과부로 만들지도 않는단다. 영국 속담의 하나이다.

요즘 분위기 좋은 목욕탕은 어데를 가나 사람들이 꽤 붐비는 것 같다. 하기야 문화인이라면 역시 목욕을 자주 해야 되나 보다. 그만큼 우리도 문화 수준이 높아졌으니, 목욕인들 자주 하는 거야 누가 뭐라겠는가.

일 주일에 두세 번, 나는 내 동네에 있는 대중목욕탕을 이용하는 편이다. 한 달에 한두 번 갈까 말까 하던 옛날을 생각한다면, 요즘처럼 목욕을 자주하는 것도 너무 사치스러운 일이 아닐지 모르지만.

"사람은 너무 깨끗해도 못 사는 법이다."

어렸을 때, 어른들로부터 가끔 듣던 말이다. 결벽증을 몹시 탓하는 얘기였던 것 같다. 지나치게 깨끗하면 돈도 따르지 않는다고 한다. 다 가난한 삶 때문이었으리라.

현대인에게 목욕은 이제 빼놓을 수 없는 문화생활의 한 가지이다. 목욕을 즐기는 사람들은 목욕에 대한 예찬론도 그럴사하게 거론한다. 몸매 가꾸기, 체향 내기, 건강 증진, 정신력 보강, 질병 요법 등에 과학적 근거까지 들고 나온다. 깨끗한 게 나쁠 거야 하나도 없다.

근거 있는 목욕 예찬론이야 안 받아 들일 수도 없는 일 아닌가. 해수욕, 일광욕, 수목욕, 산소욕, 화향욕이다 하는 것들도 따지고 보면 모두 다 목욕 예찬론으로부터 발전된 말들일 게다.

그러나, 나는 전혀 목욕 예찬론과는 상관없이 목욕을 하러 다니는 셈이다. 물론 여유 있는 사람들이야 목욕탕을 벌써부터 하나의 사교장이나 휴식공간으로까지 이용하고 있다지만 내 경우는 아직 그렇질 못하다. 바쁜 생활에 쫓기다 보니, 시간적인 여유도 없다.

내가 목욕탕을 찾는 이유는 단 한 가지 그건 오직 내 몸에 낀 때를 닦아내기 위해서이다. 목욕한 지 2, 3일만 지나도, 겨드랑이나 사타구니 같은 데가 괜히 축축해지고 이상스럽게도 근질거린다.

깡마른 체질을 타고난 내 몸엔 남달리 때가 많이 끼는 것 같다. 신장 170센티미터, 체중 55킬로그램 정도면 외면상 나는 꽤나 볼품없는 몸매에 해당한다. 그런 몸매에 웬 때가 그렇게 잘 끼는지 모르겠다.

목욕을 자주 한다 해도 때는 여전히 밀린다. 어찌 그뿐인가. 더구나 여기저기 내 빈약한 체구가 근질거리면 나는 체통 없게도 아무데서나 가려운 데를 벅벅 긁어대기가 일쑤이다. 마치 습관성 가려움병 환자인 양 말이다. 긁기 시작하면 팔뚝이고 넓적다리고 가릴 것 없이 피멍이 들도록 긁어대는 게 보통이다.

겨울일수록 더 근질 근질거린다. 여름에는 물것 때문에 가려울 법도 하다지만 겨울에 더 가려워지는 건 도무지 알 수가 없다. 언젠가는 내가 입고 있는 내의 때문이 아닌가 해서 시험삼아 속옷들을 홀랑 벗고 지낸 적도 있었다. 다 부질없는 짓이었다.

그렇다고 2, 3일 걸러 만큼씩 목욕탕을 찾아 때를 벗겨낸다는 것도 여간 어려운 일이 아니다. 세상살이가 얼마나 바쁜가. 하루가 다르게 사회는 발전하고 있다. 할 일이 너무나 많다. 이젠 가려움 때문에 목욕을 하는 것도 피곤한 일의 하나가 되고 말았다. 정말로 귀찮고 짜증스럽게까지 느껴질 일이 아닐 수 없다.

어쩌다가 목욕마저 제때에 못할 때가 종종 있다. "넌, 학생들 앞에서도 그렇게 긁적거리니?" "당신, 오늘은 열일 제쳐놓고 목욕 좀 해요." 친구들은 물론 아내로부터까지 핀잔을 받게 된다. 그럴 때마다 나는 의사에게 문의하고픈 충동을 여러 번 느꼈었다.

벼르던 끝에 나는 한 한의사의 진찰을 받아 보게 되었다. 그 한의사의 진단에 따르면 나는 화기가 높은 체질이란다. 보통 이상으로 화기가 높으면 몸에 열이 많단다. 몸에 열이 많으면 자연히 땀이 많이 나게 되어 있다는 것이다.

거기다가 삐쩍 마른 몸매에는 열과 땀으로 빼앗기는 게 많으니 암만 먹새 좋게 먹어대도 체중조차 불어날 리가 없단다.

열과 담으로 빼앗기는 게 많아서라니 어쩔 수 없는 노릇이다. 남 보기에는 퍽 빈약해 보이는 체구이나 그렇다고 허약한 체질도 아니란다. 허약한 체질이 아니라니, 그것만도 얼마나 기쁜 일인가.

결국 높은 열과 담 때문에 나에게는 때가 많이 끼고 목욕도 자주할 수밖에 없다는 진단이다. 그 한의사의 농담이 아무래도 퍽 재미있다.

"목욕체질도 팔자소관입니다."

팔자치고는 이 얼마나 기막힌 팔자인가.

출근시간의 해프닝

출근시간이 나에게는 하루 중 가장 바쁜 시간이다. 매일 아침 느끼면서도 노상 서두르게 된다. 잘못된 버릇이라고 알고 있으면서도 고치질 못한다. 내가 교직생활을 하면서 여유롭게 출근해 본 적이 별로 없었던 것도 다 나의 게으름 탓일 수밖에 없다.

바쁜 출근을 일단 나의 게으른 성정 탓으로 둘러댔지만 이것은 어디까지나 나의 자의적인 변명이다. 타의적인 변명인들 어찌 없겠는가. 다른 사람의 경우로도 나와 크게 다르지 않을 것이다. 열에 아홉은 다 타의적인 변명을 늘어놓을 테니까.

출근할 때에는 온 가족 모두가 바빠지는 셈이다. 가족의 원만한 협조가 있어야 제대로 출근 시간을 지킬 수 있다. 아침에 일어나는 것에서부터 침구 정돈, 아침 식사, 출근 복장 등 하나하나를 가족들이 서둘러 할 때 출근시간의 여유를 가질 수 있지 않겠는가.

교통 체증 때문에 요즘은 출근 시간을 일정하게 맞춘다는 것도 그렇게 쉬운 일이 아니다. 버스보다는 택시가 빨랐고 택시보다는 자가용이 빨랐던 시절도 있었지만 이젠 옛말이다. 지하철이 빠르다고는 해도 그 역시 타기 힘듦을 생각하면 제 때에 맞춰가기가 어렵다.

너나 할 것 없이 이젠 시간을 앞당길 수밖에 없다. 요즘 출발시간이 1, 2분 늦었다 치면 도착시간은 10, 20분씩 늦어지는 게 보통이다. 출근시간을 다 당기게 되니까 아침에는 누구나 서두르게 마련이다. 인생은 어차피 바삐 살게 마련 아닌가.

여유? 나의 생활에서는 애시 당초 여유 같은 건 생각도 못할 일이다.

그저 남보다 더 부지런을 떨어야 겨우겨우 현상 유지를 할 수 있을 뿐이다. 시간에 쫓기는 인생이라고나 할까.

요 며칠 전 출근할 때의 일이다. 그 날도 부산떨며 출근을 서둘렀던 것이다. 그런데 아내가 뜻밖에 커피 타임을 갖자고 제안해 왔다.

"출근하기 전, 차 한 잔 하고 출근하세요. 보통 때보다 오늘은 좀 이른 시간이죠?"

"그럴까, 가져 와요. 한 잔 마시고 출발합시다."

시간을 보니 아직 20여 분 이상 여유가 있었다. "그래, 오래간만에 아내가 끓여주는 모닝커피를 한 잔 마시고 떠나자. 요즘은 이상하게도 학생들이 타서 주는 커피 맛이 점점 진해져 간단 말야. 세상 인심이 그만큼 독해져 가는 탓인지도 모르지…."

아내가 타서 주는 커피 맛은 싱거운 편이다. 커피 한 스푼, 프림 세 스푼, 끓는 물 한 컵이 자료의 전부이다. 싱거운 그 맛은 늘 같다. 약간 쌉쌀하면서도 고소한 향기가 구수하게 풍긴다. 설탕은 아예 넣지 않는다.

집에 있는 날이면 온종일 서너 잔 이상씩 마시는 게 보통이다. 그렇게 커피를 마셔대도 아직은 식욕, 수면, 배설에는 별 지장이 없다. 건강이 좋아서 그런 건 아니다. 오래전부터 입에 익혀진 습관 탓이다. 카투사로 군대생활을 할 대부터였으니까, 벌써 25, 26년쯤 되었나 보다.

출근할 때, 차 한 잔 마시는 것도 꽤나 바쁜 마음이다. 사실 따끈한 커피를 십여 분 동안에 마신다는 것은 좀 무리일 수 있다.

커피 타임이 생각보다 길어진다 싶으니까 아내는 아쉬워하는 눈치이면서도 날더러 빨리 출발하라고 재촉이 성화같다. 젠장 약 주고 병 주는 건가? 차를 마시 잘 땐 언제고 이제 와선 강의 시간에 늦겠다고 법석을 떠는 건 또 뭐야.

떠밀리 듯 쫓겨나와 시동을 걸려고 승용차 문을 급히 열었다. 그런데 이상스럽게도 차 문짝이 열리질 않는 것이었다. 몇 번이고 열려고 해도 잠긴 문짝은 요지부동이었다. 문짝의 고리가 고장이 난 것이다. 가는 날이 장날이라더니, 커피 타임을 괜히 가졌었나.

"오늘만은 그냥 택시로 출근해요. 택시를 타면 아직 늦지 않을 거예요."

"택시? 택시를 타라고? 아, 요즘 잡기가 얼마나 어려운데, 가만있어 봅시다."

"글쎄, 이따가 퇴근해서 기술자 불러다 고쳐요. 우왕좌왕하지만 말고. 자꾸 그러다간 정말 늦겠어요."

나보다도 아내가 더 난감한 표정이었다. 중고등학교 학생들이 등굣길에, 무슨 일인가 하고 모두 기웃거리며 지나간다. 자동차 정비에 대해서 너무 모르는 내 자신이 미워졌다. 속이 팍 상해 왔다.

이상한 일 아닌가. 어제 저녁까지만 해도 멀쩡하던 차 문짝이 열리질 않다니. 이놈의 차가 벌써 똥차가 되어서 그런가.

어제는 좀 일찍 퇴근을 했다. 몸이 피곤해서였다. 집에 오는 길에 세차를 맡겼었다. 그렇잖아도 세차할 짬을 내려던 참이었으니까. 세차장 아줌마들이 문짝을 꽝꽝 여닫는 게 마음에 거슬렸었다. 문짝이 고장 날 이유라면 그것밖에 없을 것이다.

자동차 문을 잠가 놓고 키를 잃어버리면 문짝 유리를 부셔야 한다고 들은 일이 있다. 또 안쪽으로 잠긴 열쇠고리가 말을 듣지 않으면 문짝과 차창 틈새로 철사를 넣어 풀어내는 경우도 본 일이 있다. 모두 다 변칙적인 방법들이다. 그렇다고 차창을 깨버릴 만큼 절박한 상황도 아니잖는가. 문짝과 차창 사이에 들어갈 만한 빳빳한 철사가 집에 있는 것도 아니다.

출근시간만 자꾸 늦어져 갔다. 나 몰라라 팽개쳐 두고 서둘러 떠나지 않은 것이 몹시 후회가 되었다. 말하지 않아도 아내의 눈빛은 빤했다. "잘 하셨수. 그렇게 택시를 타고 출근하래도 말을 듣지 않더니, 꼼짝없이 이젠 지각할 수밖에." 하고.

뾰족한 수가 없나? 자동차 키는 스페어까지 두 개씩이나 가지고 있지 않는가. 키를 잃어버렸다던가, 아니면 한 개밖에 없는 키를 차 속에다 그냥 두고 차문을 잠갔다든가 한 것도 아닌데, 문짝 손잡이가 말을 듣지 않는다 해서 그렇게 차를 세워 둘 수밖에 없다니, 한숨을 내쉬며 문짝을 열기를 포기하려던 순간이었다.

바로 그때였다. 고등학교 1학년짜리 막내 녀석이 학교에 가려고 나와서 보고 있다가 소리를 쳤다.

"잠깐! 아빠, 자동차 뒤쪽 트렁크는 열리잖아요."

막내가 떠올린 기발한 아이디어였다. 트렁크를 열었다. 막내 녀석이 잽싸게 차 속으로 들어갔다. 열쇠고리를 풀어내니 잠겼던 양쪽 문짝이 금방 열리는 것이었다.

기적 같았다. 그렇게 쉬운 길이 있었는데도 그토록 허둥댔으니 얼마나 우스운 일인가. 아는 게 힘이란 걸 실감할 수밖에.

새옹지마라고나 할까. 그래도 마음의 여유는 가져야 좋다. 아침마다 이제는 내가 먼저 아내더러 커피타임을 갖자고 넉살을 떨고 싶어진다.

시간에 쫓기듯, 바쁜 세상에 그만한 시간 여유도 가질 수 없다면 정말 무슨 재미로 살 수 있단 말인가.

옷가게 주인의 매력

아주 오래간만에 아내와 나는 손을 맞잡고 인근 시장엘 들렀다. 내 새 여름 양복을 사 입자는 것이다. 벼르고 벼르던 일이었으니, 아내의 성화에 못 이겨 어쩔 수 없이 끌려나온 셈이다.

지금 입고 다니는 내 콤비 여름옷이 몹시 추하게 보였나 보다. 색깔도 다 바랬고 옷깃도 다 부어져 가니 그럴 만도 하다. 어렴풋한 기억이지만 아마 한 십 년도 더 훨씬 넘게 입었을 옷이다.

이상하게도 나는 몸에 걸치는 속옷이나 겉옷뿐만 아니라 신발, 양말 그리고 책, 책가방, 하다못해 필기용구들까지 다른 사람들보다는 몇 배 더 오래 사용하는 편이다. 어려서부터 몸에 익힌 내 절약 습관 탓일까.

하기야 요즘 다 닳도록 물건을 쓰고 버릴 사람이 누가 있을까. "당신만 같으면 장사꾼들 다 굶어 죽을 거예요."

아내로부터 꽤나 자주 듣던 핀잔이기도 하다.

아직 대낮이라 그런지 시장바닥에는 손님들이 그렇게 많지 않다. 해질 무렵에는 말도 못하게 붐빈단다. 일찍 오기를 잘했구나 싶은 아내의 만만한 눈치이다.

그리 크지 않은 시장이지만 우리가 살아가는데 먹고 입고 지녀야 할 갖가지 상품들이 없는 게 없다. 촌닭처럼 나는 즐비한 상품들을 두리번거리면서 실컷 눈요기를 했다.

탐나는 물건들이 여기저기 너무나 많다. 견물생심이라더니, 정말 틀린 말이 아닌 것 같다. 문득문득 욕심이 생긴다. 전자제품, 가구, 고급 액세서리, 꽃나무 등등. 공돈이라도 생긴다면 마구 사들이고 싶다. 아, 왜 이렇게 내가 욕심이 생기는 것일까. 과욕은 사람을 천하게 만든다는데.

아내와 나는 기성복만 파는 제법 큰 가게로 들어섰다. 사십대로 보이는 주인이 반색을 하며 인사를 했다. 여름 양복을 한 벌 구경하자 하고 쭉 둘러보았다. 마음에 썩 드는 옷 색깔이 없다. 값만을 물었더니, 십 만 원짜리를 구만 오천 원까지도 팔겠단다.

“아저씨한테는 이 옷이 참 잘 맞겠어요. 한 번 입어 보실래요?” 주인이 높게 걸려 있는 옷을 무조건 내렸다. 약간 쥐색깔이 나는 옷이었다. “색깔이 마음에 안 들어요.” “개시 손님이니까 싸게 드릴게요. 더 골라 보세요.” 또 다시 주인은 양복 두 벌을 내렸다.

아무래도 마음에 드는 옷이 없으니 다른 가게로 가볼까 하고 생각하는데, 주인은 한사코 한 번 입어보라는 것이다. 여름옷치고는 너무 색깔이 우중충하다고 아내도 마음에 안 든다는 말로 거들었다.

“여보, 다른 데로 가서 더 둘러봅시다.” 아내에게 채근하면서 출입문 쪽으로 나는 발걸음을 옮겼다. “아저씨, 한 번 입어나 보고 가요.” 화가 난 주인의 짜증 섞인 말투였다. 몹시 불쾌해하는 음성이었다. 나는 홱 몸을 돌려 주인을 노려보았다.

“아, 옷을 괜히 내렸다 걸었다 하는 줄 알아요? 남의 가게에 들어 왔으면 사갈 생각은 않고. 색깔이 마음에 안 들면 다른 걸 골라 보면 될 게 아녜요? 누굴 놀리러 다니는 건가.” 주인의 언어폭력은 계속되었다. “개시 손님으로 들렀으면 개시 손님답게 물건을 봐야지.”

(원, 저런 XXX가 다 있나. 아니, 사고 안 사는 건 내 마음이지. 그래, 마음에 드는 옷이 욕을 없으면 안 사는 거 아닌가.) 목구멍까지 치밀어 오는 욕을 꾹 참았다. “당신, 손님한테 그렇게 무례하게 말을 해도 괜찮은 거요?”

어쩔 수 없이 나는 점잖게 말할 수밖에 없었다. 세상인심을 탓하면 탓해야지, 저런 막돼먹은 장사꾼과 맞서 싸울 수는 없지 않는가.

빨리 나가자고 잡아끄는 아내의 서두름에 못 이겨 가게 밖으로 나왔다. 마음이 몹시 불쾌했다. "당신, 또 화났죠? 당신 마음 다 알아요." 아내가 나의 손을 잡는다. 아내의 손등이 퍽 거칠어진 듯 새삼스럽게 느껴졌다. "잊어버려요. 장사꾼의 생리가 다 그래요. 그렇게 해서라도 악착같이 물건을 더 팔아야만 먹고 사는 사람들이예요."

"저 옷가게로 들어가 봅시다. 저 가게에서도 비위를 상하게 하면 정말 이 시장에선 옷 안 사 입을 거야." "참아요, 참아. 제발 불쌍한 사람들에게 보시하는 셈치고." 보살다운 아내의 말이다.

먼저 들어갔던 가게에 비하면 이 가게는 절반밖에 안 되어 보였다. 들어서니 퍽 아늑한 느낌이 들었다. 정성들인 진열 탓일까.

"어서들 오십시오." 주인 내외의 인사가 매우 정중하다. 삼십 안팎으로 보이는 내외의 공손한 폼이 교양 있어 보였다. 안내도 친절하였다. "선생님께서 좋아하시는 옷 색깔이 있을지 모르겠네요. 이쪽에서 저쪽으로 사이즈별로 늘어놓은 것입니다. 쭉 보시고 골라 보시죠."

주인의 겸손한 상술에 내 마음이 끌렸다.

우리 내외와 주인 내외는 마치 한 마음이 된 듯, 내가 입을 옷을 함께 열심히 찾았다. 잠시 후, 옅은 회색에 파랑색 줄무늬가 보일랑 말랑 섞인 옷을 입어보자고 아내가 제의해왔다. 모두들 옷 색깔이 무난하다는 평이었다. 옷 색깔이나 사이즈도 딱 내 마음에 드는 편이었다.

사 입기로 결정했다. 남자 주인이 양복을 집어 들었다.

네 사람이 가게 안쪽 계산대 앞으로 갔다. 그대, 소파에 누워 있던 아기가 우리를 보고 싱글벙글 반긴다. 예닐곱 달쯤 난 사내 녀석이다. 손짓 발짓까지 하며 티 없이 맑게 웃고 있다.

양복 웃옷을 입고 거울 앞에 섰다. 나는 남자 모델이 된 셈이다. 비교적 옷이 잘 맞는다는 생각이 들었다. 아내도, 주인 내외도 옷이 잘 맞을 뿐만 아니라, 색깔도 썩 잘 어울린다는 것이었다. 다행이 아닐 수 없다.

"싸게 주세요. 얼마 드리면 될까요?" 아내가 물었다.

(이 친구도 또 장사 근성을 보이겠지) 주인을 쳐다보면서 나도 그의 대답을 기다렸다. "다른 데서는 다 십만 원을 받을 텐데, 선생님께 옷이 워낙 잘 맞으니 꼭 입고 가시게 해드려야죠. 팔만 오천 원만 주세요." "팔만 원이면 팔만 원이지, 우수리 오천 원은 또 뭐예요? 팔만 원에 그냥 싸주세요." 아내는 오천 원마저 더 깎겠다고 대든다.

소파에 누워 있는 아기는 여전히 방글거린다. 어른들이 양복 한 벌 가지고 흥정하는 게 퍽 우스운 모양이다. "아가, 내 옷이 잘 맞니. 자식도 어쩜 그렇게 잘 노니?" 아기는 또 다시 방싯방싯 웃는다.

오천 원 때문에 애기 아빠는 내내 난감한 표정을 짓고 있다.

갑자기 애기 엄마가 웃으며 상냥하게 말했다. "여보, 귀여운 우리 애기가 당신 얼굴 보고 웃고 있어요. 웃어 줘봐요." "그래, 어디 까꿍! 아빠가 안아 줄까." 애기 아빠가 애기를 번쩍 들어 품에 안더니, 내 아내에게 이렇게 말했다.

"좋습니다. 아주머니, 싸드리죠. 오천 원마저 깎아드리라고 우리 애기가 시키네요."

시장바닥을 거닐 적마다 아내와 나는 오래도록 그 옷가게 주인 내외의 매력을 잊지 못하고 있다.

아내와의 결혼 약속

엄마는 강해도 여자는 약하다고 한다. 여자가 약하다고 하는 게 정말 맞는 말일까. "약한 자여, 그대의 이름은 여자로다." 나는 셰익스피어의 그 말을 믿지 않는다.

간밤에 나는 꿈을 꾸었다.

아내는 요염한데다가 애교가 넘쳐흘렀다. 예뻐 보였다. 아내의 아름다움에 나는 처음으로 놀랐다. 안아주고 싶은 마음이 일었다. 내 뜻대로 아내는 나에게 접근해왔다. 다소곳이 내 앞으로 와서 앉더니 나의 목을 껴안았다. 살짝 미소까지 지어 보였다. 그러더니 갑자기 얼굴빛을 정색하고는 곧 악을 쓰는 것이었다.

"내 인생을 당신이 망쳐놨어. 지금까지 당신만을 믿고 살아온 내가 바보였어. 내 처녀를 도루 물러 내놔. 안 물러 놓으면 이젠 난 당신을 죽이고 말거야."

방 안은 칠흑같이 깜깜했다. 나는 숨이 답답해왔다. 무슨 말을 하려고 해도 통 입이 열리지 않았다. 자꾸자꾸 몸이 옥죄어 갔다. 가쁜 숨을 몰아쉬며 참을 수 있을 때까지 참았다. 더 이상 참을 수가 없다고 여겨졌을 때, 나는 아내를 확 밀쳤다. 진땀이 나도록 힘들어졌을 때, 나는 퍼뜩 꿈에서 깨어날 수 있었다.

아내가 꿈속에 나타나다니, 이상한 일이다. 악몽일까, 길몽일까, 꿈은 현실과 다르다는데, 뭐 좋은 일이 있을려나. 피식 웃고 말았다.

아침밥을 들고 나는 보통 때와 다름없이 서재에서 글을 쓰고 있었다.

"여보!"

"당신 들어왔소."

"차 들고 글 쓰세요."

"고맙소."

나는 글 쓰던 일을 멈추고 찻잔을 잡으면서 아내를 흘끗 쳐다보았다. 꿈속에서 보았던 아내와는 딴판이다. 지금은 예쁜 데가 하나도 없는 얼굴이다. 그러면 그렇지. 달라졌다면 그건 기적이겠지.

중년으로 접어들면서, 늘 그래 왔듯이 우리는 별로 말없이 살고 있다. 물론 말을 걸어오는 쪽은 항상 아내 편이었다. 아내가 남편인 나를 말수가 적은 남자라고 늘 치부해 온 터였지만 그렇다고 아내의 불만이 나에게 부담감으로 느껴질 정도는 아니었다. 그래서였을까. 나는 늘, 말을 별로 하지 않고도 편안한 마음으로 아내 앞에서 차를 마실 수 있었다.

"종섬이 아빠!"

"왜?"

"당신은 언제 보아도 참 재미있는 남자라고 생각 돼요."

"별 소리를 다 하네. 나보다는 서영 어마가 훨씬 재미있는 여자요."

"정말 그럴까요!? 일 계속하세요. 나갈게요."

아내의 말은 가시 돋친 듯한 여운을 풍겼다. 차 쟁반을 들고 일어선 아내의 입가에는 시니컬한 웃음이 번졌다. 무엇인가 나에 대한 원망의 눈빛이 스쳐갔다. 상기된 얼굴에 심각한 표정을 짓더니, 아내는 느닷없이 불쑥 이런 말을 던졌다.

"당신, 저와의 결혼 약속을 까맣게 잊었죠?"

우리가 결혼한 지 벌써 20년의 세월이 흘렀다. 그 동안 우리는 비교적 묵묵히 잘 살아온 편이다. 어려움이 아주 없었던 건 아니지만, 그래도 큰 불평불만 없이 무던히 견뎌왔다. 용서하고 이해하며 검소한 가정을 꾸려온 셈이다. 부처님께 기도하는 마음으로 착하게 살아오고 있다.

그런데, 약속을 까맣게 잊었다니? 결혼 약속? 아내는 서재에서 나갔다. 나는 새삼스럽게 까마득한 결혼 약속을 더듬기 시작했다.

하루 종일 결혼식으로 시달리다가 신혼여행을 가서이다. 우리는 첫날밤이었다. 울먹이는 눈빛으로 아내는 나에게 굳은 약속을 강요했다. 뜻밖이었지만 너무나 진지한 몸짓이었다. 아내의 강인한 요구 앞에 나는 아내와의 어떤 약속도 다 들어줄 수밖에 없었다.

"아내에게 신뢰감 주는 남편"

"자식에게 존경받는 아빠"

"경제적으로 빈곤을 모르는 가장"

"사회적으로 떳떳이 설 수 있는 남자"

결혼 첫날 밤, 아내는 약한 여자가 아니었다. 강한 여자가 되어 있었다. 끈질기게 물고 늘어졌다. 죽는 한이 있더라도 나로 하여금 이들 약속은 지켜야 한다는 것이다. 그대에 나는 분명히 아내에게 뜨겁게 다짐을 했었다.

그런데 나는 20년 전 아내와의 결혼을 까맣게 잊고 살아왔다. 나와는 반대로 아내는 문학소녀 같이 나에게서 받아낸 그 약속을 지금까지도 자기만의 집요한 꿈으로 간직하고 있는 것이다.

하지만 오늘 따라 아내가 결혼 약속을 들고 나온 까닭이 무엇인가. 나는 순간 섬뜩했다. 결혼기념일을 떠올렸기 때문이다. 우리가 결혼한 날짜는 20년 전, 11월 22일이었다. 오늘이 23일, 바로 어제가 우리들의 결혼기념일이었으니, 나는 아내의 심통을 당연히 이해할 만했다.

아내에게 나는 정중하게 사과했다.

"미안해요! 당신. 어제가 우리의 결혼기념일인 줄을 정말 까맣게 잊고 지나쳐버렸지 뭐야."

"당신, 저와의 결혼 약속을 벌써 기억해냈어요? 당신, 멋져요. 고마워요."

아, 이것이 간밤에 진땀을 흘려가며 꾼 꿈의 꿈 때문이로구나. 묘한 일이 아닐 수 없다. 나는 아내에게 지난밤 꿈 얘기를 홀가분하게 털어놓을 수 있었다.

갱년기 유감

아내가 초저녁잠을 자다가 벌떡 일어나더니 느닷없이 사진첩을 펼쳐든다. 뚱딴지같이 갑자기 무슨 생각을 하고서 그러나 하고 의아해했다. 사진첩을 뒤적이며 나더러 함께 보자고 치근덕거린다. 무슨 일인가 하고 나는 마지못해 사진첩으로 눈을 돌렸다.

젊었을 때 해수욕장에 가서 찍은 사진들이 확 눈에 띈다. 수영 팬티 차림의 싱싱한 모습을 담은 사진들을 아내가 보다가 별안간 얼굴을 붉힌다. 희비가 엇갈리는 순간인 모양이다.

아내의 나이가 벌써 쉰 살에 가깝다. 아니, 정확히 말하면 마흔아홉 살이다. 내 아내인들 어찌 몸이 늙어가는 게 안타깝지 않으랴. 어느새 눈가에는 잔주름이 줄무늬를 이루었고 윤기 나던 머리카락은 꽤나 희끗희끗해졌다. 내심 사진으로 보는 자기의 젊고 풍만한 몸매를 퍽이나 아쉬워하는 눈빛이다.

1970년대, 해마다 여름이면 동해안 서해안 검푸른 바닷가를 누볐었다. 그대 우리는 얼마나 즐겁고 신났었던가. 아내는 사진첩을 더 뒤로 넘길 줄 모르고 있다. 망연자실, 몽유병 환자인 양 아무런 말이 없다.

요즈음 들어 아내는 부쩍 신경질적인 여자로 변신해 가고 있는 게 틀림없다. 걸핏하면 화를 낸다. 밥을 잘 먹지도 않는다. 때론 기운이 없어도 보인다. 그렇다고 어디가 아파서도 아니다. 거울 앞에 아니 앉는 것도 아니다. 외출복으로 갈아입고 문 밖 출입을 아니 하는 것도 아니다.

매우 정상적으로 우리 가족은 건강한 삶을 살고 있다고 생각하는데, 그런데도 아내의 표정은 자꾸 차갑고 거칠어져만 가는 것이다. 도저히 이해가 안 갈 때가 많다.

또 아무 때나 잠을 잔다. 아무데서나 누웠다 하면 잠이 드는 것이다. 거기다가 코까지 골면서 자는 것이 보통이다. 남편이 퇴근해서 돌아와도 잘 모른다. 아이들의 귀가 시간에 대해선 별로 신경도 쓰지 않는다. 부엌에 밥 먹은 그릇들이 수북이 쌓였어도 설거지를 하지 않는다. 세탁기 옆에는 빨래거리들도 즐비하다.

집안일이 그토록 밀려 있는데도 만날 사람은 다 만나며 다닌다. 집에 돌아와서는 피곤하다고 그냥 퍼질러 또 잠만 잔다. 그 깔끔하고 유난히도 부지런떨던 마음이 왜 그렇게 게을러졌는지 도무지 알 수 없다.

게으름을 피우다 보니 아내는 자연히 매사에 의욕을 잃어가는 것 같다. 의욕을 잃으면 짜증만 늘어갈 게 뻔하다. 공연한 생트집을 부리기가 일쑤이다.

한 번은 시장을 보고 집안으로 들어서면 느닷없이 꽃이 만발한 라일락 나무를 베어버리자는 것이다. 까닭을 물은 즉, 향기가 너무 짙어 기침이 떨어지지 않기 때문이란다. 라일락 꽃 향기가 다른 꽃보다 짙은 것은 사실이다. 그렇다고 그 탐스러운 꽃나무까지 잘라내자고 짜증을 부리니 그저 안타까울 뿐이다.

아내가 보여주는 짜증은 말할 수 없을 정도로 다양한 편이다. 시기증, 질투증, 의부증, 실의증, 무력증, 건망증 등 그 종류가 대단히 많다. 물론 대부분의 짜증 동기는 나에게 그 원인이 있겠지만 어쨌든 하나의 꼬투리만 잡았다 하면 변명할 일말의 여지도 없이 물고 다그쳐 온다.

얼마 전의 일이다. 원고청탁 관계로 만나자는 어떤 잡지사 친구와 술을 거나하게 마시고 들어온 날이다. 이튿날도 강의가 없는 요일이기에

술을 좀 지나쳤었나 보다. 나는 침실에 들어앉자마자 옷을 입은 채로 그냥 골아 떨어졌다.

푹 자고 다음 날 아침에 눈을 떴다. 몸이 거뜬했다. 그런데 이상스럽게도 내 몸은 알몸이었다. 전연 알 수 없는 일이지만 술의 열기로 옷을 다 벗어 제쳤던 것 같다. 혼자 자는 방이었으니 망정이지 나이 쉰 살에 접어들어 그 무슨 추태란 말인가.

황급한 나머지, 속옷을 주워 입고 옷걸이에 걸려 있던 추리닝을 꺼내 입었다. 그때 막 아내가 출입문을 노크하고 들어섰다. 술 냄새가 진동한다며 코를 막는다. 건강도 생각지 않고 과음을 했다며 또 짜증 섞인 잔소리를 퍼붓는다.

아내의 잔소리를 피할 양으로 나는 자랑삼아 팔을 올렸다 내렸다 흔들어대며 건강한 몸매의 제스처를 해보였다. 그리고는 일부러 팔굽혀펴기를 시작했다. 아내가 소리 내어 세어댔다. 아내의 찡그린 웃음을 곁눈질 하면서 나는 무려 30회를 거뜬히 해냈다.

아내가 입을 딱 벌렸다. 크게 놀라는 표정이었다. 나더러 그 가녀린 몸매에서 어떻게 그런 힘이 나오느냐는 것이었다. 나의 체구는 빈약하다면 빈약한 체구이다. 하지만 무리인 줄 알면서도 나는 용기를 내었다. 과음을 하고 늦게 들어온 데 대한 사과의 뜻도 있지만 그보다 더 큰 뜻은 아내에게 더욱 힘 있는 삶을 살아가게 하기 위함이었다. 내 아내의 즐거움이 곧 나의 즐거움이라고도 할 수 있으니 말이다.

그런데 그 즐거움은 잠시뿐이었다. 아내가 나가더니 나의 속옷을 가지고 들어왔다. 술에 찌든 속옷을 당장 벗으라는 것이다. 아내가 나가 줘야 옷을 갈아입기 좋으련만 굳이 나갈 필요가 뭐 있냐는 것이다. 그렇다면 할 수 없지 하고 보라는 듯이 츄리닝을 벗은 다음 마지막 팬티마저 홀딱 벗어버리려고 하는 참이었다.

그 순간 팬티를 벗어 내리려는 내 손목을 아내가 덥썩 잡아챘다. 아내의 손결이 느껴지는 찰나에 나는 그만 수줍어 몸 둘 바를 몰라 했다. 아내의 눈빛이 금방 야욕에 불타는 듯, 나를 당황토록 만들었다.

그러나 아내의 눈빛을 불타는 야욕미로 본 것은 나의 큰 착각이었다. 그토록 무서운 질타의 음모가 아내의 눈빛 속에 깃들어 있는 줄은 차마 까맣게 몰랐다. 뒤집어 입혀진 팬티를 보라는 것이다.

멀쩡한 정신으로는 팬티를 벗고 자다가 다시 입었을 리도 없고 설사 벗고 자다 다시 입었다손 치더라도 절대로 뒤집어 입었을 리다 없다는 것이다. 그러니까 어제 저녁에 있었던 행각의 아르바이를 철저히 대라는 것이다. 만약 이실직고를 하지 않는다면 자기와 나는 이제 끝장이라는 엄포였다.

아내의 집요한 추궁 앞에 전날 밤 만취 열기로 인한 나의 추태를 아무리 변명한들 통할 리가 있겠는가. 오히려 늘어놓은 변명은 의심받을 작태를 카뮤플라주(Camouglage)4) 하기 위한 기묘한 수법에 지나지 않는다는 것이다.

내 아내는 지금 무지막지한 착각적 환상 속에 빠져들어 있다. 나의 그 어떤 변명도, 설득도 모두 다 헛일이었다. 착각은 오해를, 오해는 불신을, 불신은 파경을, 파경은 자멸을 불러일으킬 수밖에 없으리라. 그럴수록 냉철해야 한다. 이성을 잃지 말아야 한다. 감정을 가지고 해결될 일이

---

4) 카뮤플라주(Camouflage): 불리(不利)하거나 부끄러운 것 등을 의도적으로 위장하는 일. 순화어는 '거짓 꾸밈', '위장'.

아니다.

아무리 착각이 자유라고 하지만 아내의 그 무지막지한 착각적 환상 속에 꼭 같이 내가 빠져들 수는 없는 노릇이다. 좀 더 나이 지긋하고 점잖은 사람답게 냉각기를 갖고 자기 자신을 찾아보자고 큰 소리를 친 다음 학교 출근길로 나서고 말았다.

갱년기 유감!

나이를 먹고 늙는 길은 막을 수 없는가 보나. 영원한 승사가 없듯이 영원한 젊음도 있을 수 없다. 젊음은 젊음이고 늙음은 늙음이다. 젊음과 늙음의 거리는 결국 나이로 먹은 세월 차이라지만 그렇다고 지난 세월을 되돌릴 수는 없는 것이다.

가는 세월을 뉘라서 막을 수 있겠는가.

"한 손에 가시 쥐고 또 한 손에 매를 들고,
늙는 길 가시로 막고 오는 백발 매로 치렸더니,
백발이 눈치 먼저 알고 지름길로 오는고냐."

고려 말엽, 우탁(禹倬, 1263~1343)의 시조이다.

늙음을 스스로 인식한다는 것은 슬프고 불행한 일이기도 하지만 또한 매우 보람 있는 일이기도 하다. 아내가 자기의 젊음에 대한 향수에 젖어 늙어가는 것을 저어한다는 것은 지극히 당연한 일인지도 모른다. 그렇다면 나는 아내의 모든 게으름, 짜증, 트집, 착각 들을 이제 순순히 받아줘야만 되리라.

사실, 세월이 이만큼 흐른 뒤에야, 겨우 갱년기를 안타까워하는 아내의 마음을 알아차린 듯해서 나는 꽤나 계면쩍기만 하다.

갱년기의 진통을 하필이면 내 아내가 그토록 깊이 겪을 줄이야. 아는 지금까지 내 아내에 대해서 남편다운 남편 노릇을 제대로 하지 못하며 살아온 것을 통감할 뿐이다.

딸애의 귀가 시간

요즘 우리들의 이웃들 중에는 아이들 때문에 화내고 괴로워하고 속상해 하는 사람들이 너무나 많은 것 같다. 고등학교까지는 학업성적 및 입시 준비에 대한 지나친 욕심 때문에 속상해하고, 대학에 입학하고부터는 방종과 오만 그리고 나태 때문에 속상해한다. 그 가운데에서도 대학생 딸들의 늦은 귀가시간이 몹시 거슬린다는 것이다.

하지만 대학교 다니는 여학생들에게도 귀가시간이 늦어질 까닭은 얼마든지 있을 수 있다. 리포트 작성, 스터디, 서클 활동, 학생회 모임, 각종 미팅, 토론회, 좌담회, 취미 활동 등 그들도 무척 바쁜 학교생활을 하고 있다. 학교생활을 바쁘게 하다보면 밤늦게 그것도 자정이 넘어서 집에 올 때가 많을 수밖에 없다. 거기에다가 남학생들과 어울리게 되면 더욱 그렇다.

세태의 반영이라고나 할까. 남녀가 평등하다면 굳이 여자만 더 간섭 받을 필요가 있을까. 귀가시간이 늦는다고 해서 자식에게 부모가 화를 낼 때, 좋을 일이 뭐가 있겠나. 서로의 마음이 평온할 수 있을까.

화가 나서 화를 낸다면 그것은 화내는 사람의 화풀이만 될 것이다. 정상적으로 학교생활이 바빠서 귀가시간이 늦어졌다는데, 화내는 사람의 그 화풀이를 그대로 받아들일 수 있을까. 억지로라도 일찍 집에 오게 한다면 그 결과는 정상적인 학교생활을 차단시키는 것이다. 배움은 강의 시간을 통해서만 이루어지는 것이 아니다. 깨달음의 길은 너무나 다양하다.

특히 대학에서는 자기 스스로의 활동 영역으로부터 얻어지는 것이 더 많다. 마음이 안정되지 못하면 누구나 정상적인 배움을 갖기 어렵다. 화를 내는 것과 가정교육의 차원이 다른 까닭도 여기에 있다.

가정교육의 차원은 가정에서 가족들 사이의 포근함, 즐거움, 사랑, 질서, 인격, 윤리도덕, 가치관, 정서적 안정 등을 가족끼리 나누어 갖는 일이다. 화난다고 해서 화난 감정을, 미워한다고 해서 미운 감정을 가족 서로가 나누어 가질 필요는 없지 않는가.

언젠가 한 번은 사랑하는 내 딸애가 학교에 가더니, 새벽 한 시가 되었는데도 돌아오지 않았다. 마침 그날 밤에는 호우경보와 함께 폭우가 무섭게 쏟아지고 있었다. 한 마디 전화 연락도 없었으니 큰 걱정이었다. 가족들이 한잠도 못자고 기다렸다. 팔순이 지난 어머님의 성화도 이만저만이 아니셨다.

새벽 한 시에서 20분이나 더 지나서야 전화벨 소리가 울려왔다. 딸애의 전화였다. 친구 집에 있는데 자고 들어가도 괜찮겠냐는 것이었다. 딸의 친구 집과 우리 집 사이는 걸어서도 불과 15분여 거리밖에 되지 않았다. 나에게서 아내가 수화기를 뺏더니, 아내는 딸애에게 까닭도 묻지 않고 일언지하에 집으로 곧 돌아오라고 호통을 쳤다.

비를 흠뻑 맞고 돌아온 딸애에게 나는 조용히 귀가시간이 늦어진 동기를 따졌다. 답변은 간단했다. 비가 하도 많이 쏟아져서 비 그치기를 기다리며 친구 넷이 떠들다가 그만 늦어졌다는 것이다. 다른 이유는 없었다고 했다. 문제의 핵심은 일찍 연락을 주지 않았다는 점이다.

식구들을 걱정시킨 딸애의 소행을 놓고 가족들이 온통 야단이었다. 어머니는 어머니대로 역정을 내셨고, 아내는 아내대로 노발대발했다. 나는 나대로 속을 끓이고 사내애들은 사내애들은 사내애들대로 좌불안석이었다. 방 한 구석에 쪼그리고 앉아 할 말을 다 못하고 할딱거리는 딸애는 딸애대로 야단맞는 게 분한 듯, 입술만 깨물었다.

그때, 우리 가족들은 너나 할 것 없이 서로가 화를 내고 흥분해 있었다. 삭막한 분위기였다. 무엇을 위한 성토인가. 딸애가 측은해 보였다. 아내는 이성을 잃어가고 있었다. 다분히 감정적이었다. 참는 데에도 한계가 있다는 듯, 딸애는 악을 쓰며 항변했다.

"여자는 친구도 사귈 수 없어요? 여자는 친구 집에서 놀 수도 없어요? 무슨 큰 죄를 지었다고 저를 가지고 이렇게 야단들이세요?" 참다못해 딸애는 드디어 자리를 박차고 일어서더니 제 방으로 뛰쳐나가고 말았다.

딸애가 나간 자리에서 우리 가족들은 누구도 선뜻 입을 열 수가 없었다. 무엇 때문에 누구를 위한 성토였던가. 그 뒤, 우리는 포근한 가정 분위기를 되찾는데 여섯 달 이상이 걸렸다.

화를 낸다고 해서 좋을 일은 하나도 있을 성싶지 않다. 작은 일 또는 큰일이나 간에 화를 낸다는 것은 결국 자기 가슴만 아프게 하는 결과밖엔 아무 것도 이로울 게 없다는 결론이다.

결국 자기 마음을 평화롭게 보존하는 가장 좋은 방편은 자기가 자기 자신을 이겨내는 마음가짐에 달려있는 게 아닐까. 인격수양은 누구에게나 부단히 요구되는 평생교육의 덕목이 아닐 수 없다.

머리로 한 번 생각해봐요

두 돌 갓 지난 조카딸, 솔이는 제 또래 애들보다 퍽 약은 편입니다. 말도 잘하는 편이고 손발 놀림도 빠른 편입니다. 무슨 말이든 하라는 말도 잘 따라 합니다. 어떤 행동이든 보는 대로 흉내도 잘 냅니다. 솔이는 욕심도 많고 장난도 심한 편입니다.

한 달 전에 내 집으로 이사해서 처음 만났을 때, 솔이는 내 품에 덥썩 안겼습니다. 제 엄마가 시키는 대로 솔이는 인사말을 나누었습니다.

"고모부, 사랑해요!"그 뒤로부터, 솔이는 나더러 분명하게 또박또박 고모부라고 불렀습니다. 내가 퇴근해서 현관문을 열고 들어서면 언제나 달려나와 "고모부!" 소리쳤습니다. 그리고는 내 가슴을 파고들며, 폭 안겨서 꼭 같은 인사말을 하는 것이었습니다. 나도 솔이에게 인사말을 주었습니다.

"솔이 사랑해요!"

하루에 한 번씩 인사를 나누곤 솔이와 나는 헤어졌습니다. 솔이는 제 방에서 놀아야 했고 나는 내 방에 들어박혀 있어야 했습니다. 내 방에 들러, 놀고 싶어 하는 솔이의 눈빛을 눈치 못챌 바 아니지만 어쩔 수가 없었습니다. 나도 재롱둥이 솔이와 놀고 싶은 마음은 간절했습니다.

그리고 내 방에 있는 물건들이 솔이가 가지고 놀 장난감들과는 거리가 멀었습니다. 아마도 솔이가 손대기 시작하면 제대로 남아날 물건들이 없겠다는 생각도 들었습니다. 장난꾸러기 손끝에서 혹시나 잘못되면 아예 원래대로 회복되기 어려운 물건들도 없지 않았습니다.

거기다가 솔이의 엄마, 아빠가 솔이로 하여금 내 방에 들어가는 걸 내심 바라지 않았습니다. 혹시나 들어가서 일이라도 저지르지 않을까 걱정이 되었었나 봅니다.

그런 등등의 이유들로 해서, 솔이가 주로 제 방에서만 놀게 되니까 아이는 점점 불만이 커졌습니다. 제 맘대로 놀 수 없게 한다면 아이들이 얼마나 싫증을 내겠습니까. 불만이 커져가는 만큼 솔이의 장난이 거칠어져 갔습니다.

솔이 엄마는 솔이의 비위를 맞추기 위해서 많은 장난감을 사들여야 했습니다. 숫자 맞추기, 그림 찾기, 목마, 자동차, 동물 짜맞추기, 건물 짓기 도구들이 방안에 즐비했습니다. 지능계발을 위한 어린이책들도 사들였습니다. 동화책도 여러 가지 종류였습니다. 일일공부용 그림그리기 자료들도 주문했습니다.

그러나 솔이는 엄마가 사다준 장난감이나 책자들을 진득하게 가지고 놀지는 않았습니다. 어떤 물건이든지 한두 번 놀고는 본체만체 했습니다. 곁에서 엄마가 오히려 온갖 아양을 떨어줘야만 겨우 따라 하는 척했습니다. 그러다가도 금방 다른 물건들로 눈이 가고 손이 가는 것이었습니다. 그럴 적마다 엄마는 다시 새 장난감을 가지고 솔이의 마음을 달래야만 했습니다.

솔이는 떼를 쓸 줄도 알게 되었습니다. 제 욕심을 차리기 위해선 수단 방법을 가리지 않고 투정을 부릴 줄도 알았습니다. 투정을 부릴 때에는 엄마를 제 곁에서 옴짝 못하게 해놓고 장난감들을 마구 집어던졌습니다. 울고불고 몸부림까지 쳤습니다. 그쯤 되면 장난감 가지고선 도저히 달랠 수 없다는 걸 알고 엄마는 솔이에게 새로운 방법을 써야 했습니다.

새로운 방법으로는 솔이를 데리고 슈퍼마켓이나 시장바닥을 들르는 것이었습니다. 솔이는 신났습니다. 장난하고 싶은 것도 많고 가지고 싶은 것도 많았습니다. 한 번 나갔다 하면 솔이의 오지랖엔 장난감과 먹을 것이 한아름씩 안겨졌습니다. 하지만 솔이에게는 그런 것도 한 때뿐이었습니다. 때만 되면 보챘습니다. 꾀가 보통은 넘었습니다.

한 달 가량 지난 뒤였습니다. 고모부인 나와는 아직도 인사만 하고 지내는 터였습니다. 달라진 것이 있다면 인사법이 좀 발전한 점입니다.

"고모부, 사랑해요. 아이 러브 유. 유 러브 미."

"솔이 사랑해요. 아이 러브 유. 유 러브 미."

솔이는 고모부를 무척 어려운 상대로 여기는 것 같았습니다. 그러던 어느 날이었습니다. 퇴근 후, 인사를 나누곤 헤어졌는데 느닷없이 솔이가 날 부르는 것이었습니다.

"고모부! 고모부!"

나는 방문을 열고 솔이를 내 방으로 정중히 안내했습니다. 들어서자마자 솔이는 꽤나 두리번거렸습니다. 컴퓨터 앞, 내 곁으로 앉았습니다. 솔이의 태도는 퍽 침착했습니다. 맘먹고 찾아준 솔이 마음을 어떻게든 나는 기쁘게 해주고 싶었습니다. 그러나 당장 뾰족한 방법이 떠오르질 않았습니다.

"솔아! 고모부가 춤추는 거 볼래? 자, 솔이도 같이 추자, 응!"

그날, 나는 디스코를 추면서 솔이를 마냥 웃겼습니다. 산토끼, 아가야 나오너라, 고기를 잡으로, 낮에 나온 반달은 이 몸이 새라면, 나의 살던 고향은, 엄마 앞에서 짝짝꿍, 학교 종이 땡땡땡 등의 노래를 몇 번씩 반복해 부르면서 춤을 췄습니다. 이상한 손짓, 발짓, 몸짓까지 지어가면서 솔이의 마음을 사로잡기에 온갖 힘을 다 쏟았습니다.

솔이는 한껏 즐거웠습니다. 정신없이 깔깔거렸습니다. 왜 진작 고모부와 함께 놀지 않았나 하고 후회라도 하듯, 신나게 웃어댔습니다. "고모부! 고모부!" 소리쳐 연호하면서 솔이는 배꼽을 잡았습니다. 솔이는 잠시 쉬었다간 또 웃고 나 역시 잠시 쉬었다간 또 웃겼습니다.

솔이와 나는 금방 친해질 수 있었습니다. 금방 친해질 수 있게 만드는 것만큼 아이들을 한없이 기쁘게 하는 일도 없을 것입니다. 솔이는 이제 내 곁을 떠날 생각 같은 건 아예 하지 않는 듯했습니다. 제 엄만 마음에도 없는 듯 보였습니다. 솔이의 그 천진한 태도에, 난 한동안 나 자신을 잊은 채, 그에게 반하고 있었습니다.

"솔아, 재미있니? 고모부는 힘이 다 빠져서 좀 쉴게. 솔이, 이젠 여기서 내 마음대로 놀아도 돼."

솔이를 자유롭게 해주고 싶었습니다. 마음대로 놀게 내버려 뒀습니다. 솔이는 내키는 대로 내 방에 있는 물건들을 만졌습니다. 책꽂이에서 책도 빼냈습니다. 볼펜을 잡더니, 책상 앞에 앉아서 종이 위에다 아무렇게나 글씨를 쓰기도 했습니다. 컴퓨터 앞으로 오더니 키보드를 만지다가 마구 키를 두드려 보기도 했습니다.

솔이의 거친 장난은 되살아났습니다. 그대로 뒀다간 무슨 일을 꼭 저지를 것만 같았습니다. 그렇다고 야단을 칠 수는 없었습니다. 만약에 호통이라도 쳐서 솔이의 호기심을 꺾어버린다면 그것은 솔이가 커가는 데 절대로 바람직한 일이 못될 것 같은 생각이 들었던 것입니다.

그때, 문득 나는 솔이에게 뭔가 하나의 큰 계기가 될 만한 말을 절실히 주고 싶었습니다. 어린아이는 어린아이대로 나름대로의 생각이 있다는 걸 잘 알고 있습니다. 그 나름대로의 어린 생각 속에 행동의 변화를 일으킬 수 있는 말을 줄 수만 있다면 그보다 값진 일도 없을 것입니다. 오직 교직만을 직업으로 살아온 나대로의 진심이었습니다.

"솔아, 머리로 한 번 생각해 봐!"

나는 손가락으로 내 머리를 가리켰습니다. 그리고 곧 솔이의 머리도 가리켰습니다.

"솔아, 머리로 한 번 잘 생각해 봐! 저렇게 책을 마구 빼놔야 하는 건지, 볼펜을 아무데나 뭘 그려놔야 하는 건지, 컴퓨터를 막 두드려야 하는 건지."

찬찬하게도 나는 솔이가 마구 빼놓은 책, 끄적거리던 볼펜, 두드리던 컴퓨터 들을 일일이 지적했습니다. 그리고 솔이의 눈빛을 보았습니다.

그때였습니다. 나는 신기하게도 뭔가 생각에 잠기는 듯한 솔이의 변화를 분명히 느낄 수가 있었습니다. 아주 우연히 던진 말이었지만 이 말을 준 것이 참으로 다행한 일일지, 다행한 일이 아닐지는 앞으로 오래오래 지켜볼 수밖에 없게 되었습니다.

"솔아, 머리로 한 번 생각해 봐! 응?"

세상을 살아가는데, 머리로 잘 생각해서 신중히 행동하는 것보다 더 소중한 게 없기 때문입니다.

추석 성묫길

추석 날, 비가 주룩주룩 쏟아졌습니다. 큰 걱정은 성묘였습니다. 나는 빗길 운전이 빙판 길 다음으로 두려웠습니다. 빙판 길에서는 벌써 다리 난간을 들이받는 사고 이외에도 몇 번이나 아찔하게도 죽을 뻔한 경험을 하였고 빗길에서도 여러 번이나 위태한 고비를 체험했던 터였습니다.

정성껏 차례를 끝내고 다과와 성복(成服: 초상이 났을 때 처음으로 상복을 입는 일)도 마친 뒤였습니다.

"아무리 비가 쏟아져도 아버지 산소에는 오늘 곡 성묘하러 갔다 와야 한다."

어머님의 분부는 그 어느 때보다도 단호한 편이셨습니다. 지난해 추석 명절을 지내고 채 한 달도 못되어 돌아가신 아버지 생각이 간절하신 듯, 어머님의 표정은 너무나 근엄하셨습니다. 숙연한 분위기 속에서 나는 성묘하러 갈 것을 가족들과 함께 결정할 수밖에 없었습니다.

행여나 빗길 운전이 겁난다고 아버지 산소에 성묘하러 가는 것마저 주저한다면 그것은 불효막심일 것입니다.

"부모가 살아계실 때에 자식의 효심을 알아볼 수 있고 돌아가신 뒤에 자식의 효행을 알아볼 수 있다. 그러나 부모가 돌아가신 후, 부모의 뜻을 적어도 3년 이상 어기지 않아야 효자라고 말할 수 있다."

『논어』에 나오는 말입니다. 옛날에는 효심을 모든 행동의 근본이라고 강조했습니다. 효심이 없으면 인간다운 인간이 될 수 없다는 말입니다. 효심은 그만큼 부모와 자식 사이의 끈끈한 정을 천륜(天倫)으로 승화시켜 주는 연결고리의 핵심이 된다는 뜻이기도 합니다.

비는 계속해서 추적추적 내렸습니다. 낮 한 시가 거의 다 되었습니다. 어느 정도 교통소통이 잘 되리라 생각했습니다. 길만 막히지 않는다면 여주까지 가는데 한 시간 십 분이면 충분하니까 말입니다.

어머님과 아내, 그리고 두 아들 녀석들을 태우고 집을 나섰습니다. 그런데 집을 떠나서 불과 5분 거리도 채 못 가, 교통체증에 걸려들고 말았습니다.

망우 3동으로부터 면목 극장을 지나 중곡동 삼거리까지 가는데 무려 한 시간 반이나 소요되었습니다. 거기에서 다시 어린이 대공원 후문 앞을 지나기까지 또 한 시간가량이 걸렸습니다. 보통 때 같았으면 줄잡아 15분 정도 걸려서 갈 수 있는 거리였습니다.

교통 체증의 주된 원인은 천호대교 못 미쳐 광장동 네거리에 이르러서야 비로소 알게 되었습니다. 88도로의 정체현상이 극심한데다가, 천호대교로부터 진입하려는 차량들, 그리고 자양동, 교문리 구간의 통행차량들이 일시에 몰려 뒤엉켜버렸기 때문입니다.

그 틈에도 얌체족들은 갓길로 쏙쏙 빠져들어 계속 차도를 꽉꽉 메워갔습니다. 틈만 있으면 비집고 들어가자는 심보들이었습니다. 운전자들의 쌍소리, 자동차의 크락숀 소리가 여기저기서 터졌습니다. 시간이 걸릴 뿐, 그래도 차량들은 서서히 앞으로 움직였습니다.

천신만고 끝에 천호대교를 건넜다 싶었습니다. 그러나 정작 천호사거리에 이르러서는 숨 한 번 제대로 돌릴 새 없이 꽉 막혀버렸습니다. 참으로 기고만장하였습니다. 중부고속도로를 향해, 끝없이 밀려드는 하행 차량들이 그 넓은 차도를 온통 다 뒤덮어버리고 말았습니다. 상행 차선은 아예 찾을 수가 없고 모두 하행 차선뿐이었습니다. 어떻게 이토록 차도의 무법천지를 만들 수 있단 말일까.

무법천지는 순식간의 일이었습니다. 조금 전에는 그나마 상행 차선이 한 차선 정도나마 이용될 수 있었습니다. 그런데 버스, 트럭, 택시기사들이 차선 위반, 앞지르기, 끼어들기를 후안무치로 자행했습니다. 그 기사들에게는 중앙 차선이 안중에도 없나 봅니다. 교통질서를 엉망으로 만드는데 매우 익숙해 있는 자들처럼 보였습니다.

물론 추석 대목을 노리지 않으면 안 될 그들의 바쁜 영업 심리를 이해 못할 바 아닙니다. 그러나 그들 때문에 자가 운전자들까지 덩달아 이리저리 앞서 보겠다고 교통법규를 마구 위반하고 나서니 그 결과가 어찌 되겠습니까.

바쁘지 않을 사람이 있지 않을 리 없습니다. 짜증나지 않을 사람이 있지 않을 리 없습니다. 결국 명일동, 상일동, 하일동으로 이어지는 왕복 10차선 차도는 상하행, 좌우행 차량들 서로가 뒤엉겨 오도갈 수도, 꼼짝 달싹할 수도 없게 되었습니다.

교통지옥이란 바로 이러한 상황을 두고 한 말인 것 같습니다.

잠시 후, 교통경찰들이 여기저기서 뛰어나왔습니다. 그들의 바쁜 수신호가 떨어졌습니다. 요란한 호루라기 소리에 고함까지 질러댔습니다. 차량들이 서서히 움직이기 시작했습니다. 경찰들의 위력은 대단했습니다. 그들은 마치 소몰이 하듯, 차량들을 아무데로고 보내고 싶은대로 쫓아버렸습니다.

우리는 하일동을 거쳐 미사리 조정경기장 쪽으로 억지로 쫓겨 가고 말았습니다. 오히려 잘 되었는지도 모른다는 생각도 들었습니다. 그쪽으로 돌아서 하남시를 빠져 나가면 광주 가는 국도로 들어설 수 있기 때문이었습니다. 그러나 조정경기장 쪽인들 어찌 한가할 리가 있겠습니까. 밀리고 밀려서 미사리 앞길로 들어섰을 때, 거기에서도 시야에 들어오는 차량 행렬은 너무나 끔찍하기만 했습니다. 이제는 완전히 절망적이었습니다.

미사리 앞길에서 하남시로 들어가는 길은 모두가 농노로, 포장길과 비포장길을 합쳐 네 군데나 있지만 하나같이 다 귀성객 차량들로 꽉꽉 들어 차 있었습니다. 여주까지 이렇게 막히는 길을 가자면 아마 오늘 한밤중에도 들어가기가 어려울 것만 같았습니다.

시계는 5시 30분을 가리키고 있었습니다. 장장 네 시간 반이나 걸려 겨우 예까지밖에 오지 못했으니, 앞으로 또 시간이 얼마나 더 걸릴 건지는 도저히 예측을 할 수가 없었습니다. 비는 옷이 젖을 만큼 계속 내리고 있었습니다.

바로 그때, 나는 더 이상 참을 수 없도록 소변이 마려워왔습니다. 사실은 하일동 지나면서부터 보고 싶었던 소변을 계속 참아왔던 터였습니다. 차도 옆으로 차를 세웠습니다.

"소변이나 좀 보고 갑시다."

얼씨구나 기다렸다는 듯이, 어머님도, 아내도, 아들 녀석들도 모두 황급히 내렸습니다. 추석 비를 맞으면서 우리 다섯 식구는 다른 사람들의 눈치도 볼 것 없이 용변을 끝냈습니다. 어찌 우리뿐이겠습니까. 여기저기서 방뇨 소리가 요란하게 들려왔습니다.

그렇게 시원할 수가 없었습니다. 만사가 오케이였습니다.

이젠 정말 운전석에 다시 앉기가 싫어졌습니다. 그러나 어머님의 뜻을 거역할 수가 없었습니다. 망연자실, 잠시 하남시 쪽을 건너다 보다가 다시 운전대 앞에 앉았습니다.

"애비야, 포기하자. 못 가겠다. 다음에 성묘 가기로 하자."

"그렇게 해도 괜찮으시겠어요? 어머님의 생각이 정히 그러시다면 그렇게 하겠어요."

"와, 살았다!"

아내도 애들도 다 찬성이었습니다. 우리는 결국 미사리에서 성묫길을 포기하고 말았습니다. 돌아오는 길에 어머님은 차 속에서 우리들에게 그렇게 말씀을 하셨습니다.

"추석 날, 내 고집 때문에 우리 식구가 미사리로 소변만 보러 왔다가는 셈이 되었구나!"

경로당 건립

고향 마을의 유지들이 나를 초대한다는 안내장을 우편으로 보내왔습니다. 안내장에는 경로당을 건립하고 그 현판식을 갖게 되었으니 바쁘더라도 꼭 참석하여 자리를 빛내달라는 사연이 담겨 있었습니다. 그리고 경로당 건립이 마을 사람들의 숙원 사업이었다는 사실도 덧붙여 놓았습니다.

나는 어떤 일이 있어도 참석지 않을 수 없는 입장이었습니다. 내가 태어나서 잔뼈가 굵은 곳이기도 하거니와 아직까지는 어머님께서 고향집을 지키고 계시며 동생, 삼촌 내외분, 그리고 일가친척들도 살고 계시기 때문입니다.

더구나 그곳에서 평생을 살다가 지난해에 돌아가신 선친을 생각해서라도 노인들을 위한 행사에 참석해서 동네 어른들을 찾아 뵈옵는 것은 너무나 마당한 도리가 아닌가도 여겼기 때문입니다. 그러니 참석하는 문제는 두말할 나위도 없었습니다. 커다란 벽시계 하나 사들고 달려갔습니다.

경로당은 동네 한복판에 있는 마을 회관 아래층에 마련되었습니다. 열 평에 가까운 방 두 개로 꾸며졌습니다. 기름보일러로 난방 장치까지 갖춰놨으니, 노인들에게는 물론 청, 중, 장년들에게도 그들의 놀이방으로는 더 바랄 것이 없다고 하겠습니다.

도시인들처럼 문화 혜택을 받을 수 없는 시골 사람들은 아무래도 생활에 대한 즐거움의 폭이 좁을 수밖에 없습니다. 특히 한겨울 때에는 긴긴 밤의 무료함을 달래기가 더욱 어렵답니다. 여러 사람이 한 자리에 모여 억센 입담들로 웃음꽃을 피우거나 인정어린 잡담들로 인간미를 돋우거나 시국 돌아가는 이야기로 호기심을 높이는 데는 꼭 그만한 공간이 있어야 좋다는 것입니다. 시골에서 지루한 시간을 때우는데 사랑방만큼 더 좋은 곳도 없을 것입니다.

그러나 막상 경로당 현판식을 갖고 나니, 나는 나 나름대로 한걱정이 앞섰음을 솔직히 고백하지 않을 수 없습니다. 동네 사람들이 숙원사업으로까지 여겼던 경로당 건립이 일단 이뤄졌지만 과연 그 경로당이 도시민들에게서와 같이 퇴조되어 가는 경로사상을 얼마만큼 앙양시킬 수 있을지가 무척 염려스러웠기 때문입니다.

혹시나 경로당이 경로당으로서의 제구실을 다 하지 못하고 노인들의 인간적인 가치관과 젊은이들의 물질적인 가치관이 상대적으로 대립되어 오히려 심리적 갈등만을 증폭시킨다면 그것은 더 큰 문제일 것입니다. 그렇게 되면 결국 젊은 사람들에겐 노인에 대한 반목만 새로이 싹틔워주는 결과가 될 것이고 노인들에겐 시름만 더 깊이 안겨드리는 결과가 되고 말 것입니다.

사실 경로당의 최선책은 어른에 대한 아이들의 존경심과 아이에 대한 어른들의 이해심이 가장 조화롭게 교감될 때 찾아질 수 있다고 봅니다. 그런데 우리나라의 경로사상은 엄밀한 의미에서 어른 쪽으로부터 젊은 사람들이 대접해주기를 너무나 일방적으로 요구한다는 점에 바로 모순이 있었지 않나 생각됩니다. 역사적으로 볼 때, 노인에 대한 공경심도 원칙적인 도덕 강령의 하나로 오랫동안 지켜져 왔습니다.

성리학의 실천궁행(實踐躬行) 원리를 삼강오륜(三綱五倫)에 두었던 점은 바로 봉건적인 지배체제 아래에서 복종을 강요하던 전통적 속성의 반증이 아닐 수 없습니다. 아랫사람이 윗사람으로부터 무조건적인 복종만을 강요당하면 당할수록 그 때문에 파생되는 젊은이들의 심리적인 반감도 그만큼 클 수밖에 없을 것입니다.

요즘 시골 젊은이들은 가난을 물리치기 위한 노력이 그 어느 때보다도 강하게 나타나고 있습니다. 그러한 노력은 젊은이들의 필연적인 욕구일는지도 모릅니다. 물론 자본주의에 입각한 물질만능의 이기적인 병폐가 아주 없지도 않겠지만 어쨌든 그들이 추구하는 물질적 가치관은 지나치리만큼 현실적입니다.

물질적 이기주의가 팽배해 감에 따라 시골 인심의 인정어린 분위기도 급격하게 그 균형을 잃어가고 있습니다. 자기 이익과 재산 축적에 얽힌 이해관계에만 집착하다보니 자연적으로 비활동적 노휴(老休) 인력에 대해서는 상당히 배타적 성향을 보여주고 있는 것도 사실이기 때문입니다.

그러나 인간은 더불어 함께 살아갈 수밖에 없는 존재입니다. 태어난 아이들이 자라나서 어른이 되고 어른이 나이를 먹어 노인이 되고 늙으면 기력이 떨어지고 병들고 죽고 하는 것은 어길 수 없는 자연의 이치입니다. 그 자연의 이치를 인위적인 욕구 때문에 거역한다는 것은 곧 사람들이 함께 누릴 수 있어야 할 삶의 뜻을 거부하는 것에 다를 바 아닙니다. 행복은 더불어 함께 누릴 때 참된 의미가 있는 것입니다.

자연이 아름답다는 것은 조화의 극치일 것입니다. 우주 속의 만물은 공존의 조화를 이루고 있습니다. 산만 보더라도 그렇습니다. 크고 작은 나무, 풀, 돌, 잎, 꽃, 색깔, 모양, 소리, 갖가지 향기 같은 것들이 한데 어우러져 조화의 극치를 이루고 있는 것입니다. 인간도 마찬가지입니다. 개성이 다르고 나이가 다르고 몸집이 다르고 생각과 느낌이 다르고 행동이 다릅니다만 다 있어야 할 존재들입니다. 각자가 맡은 일들도 그렇습니다. 아이들은 아이들의 일이 있고 어른들은 어른들의 일이 있고 노인들은 노인들의 일이 있지만 궁극적으로는 다 하나로 통하는 것입니다.

평소 나는 노인들이 노인들의 역할을 다할 때, 바로 경로사상이 앙양(昻揚)될 수 있다고 믿어 왔습니다. 노인들의 역할이란 무엇인가. 어른다운 어른의 슬기를 보여주는 것입니다. 어른의 슬기는 곧 '인격'입니다. 죽을 때까지 인격을 닦아가야 합니다. 인격이 없으면 젊은이들과 어울릴 수가 없습니다. 인격 없이 어울리려고 한다면 그것은 노인들의 주책입니다. 주책 떠는 노인들이 어떻게 젊은이들과 동락할 수 있겠습니까.

'노인은 있어도 어른은 없다.'라는 말이 있습니다. 아무리 도덕적 가치관이 흔들리는 사회라고 하더라도 아직은 '어른'이다 하면 존경심을 보내는 사회라는 걸 우리는 부인할 수 없습니다. '어른'이야말로 인생의 거울일 수 있기 때문입니다. 나이가 많으면 많을수록 그 나잇값을 할 수 있는 노인이라야 '어른' 노릇을 할 수 있는 것입니다.

경로사상은 노인들만이 필요로 하는 욕구입니다. 젊은이들이 아쉬워하는 욕구가 아닙니다. 따라서 젊은이들에게 경로사상을 강요한다는 것은 어불성설입니다. 목마른 사람이 샘물을 파듯이 노인들도 대우받기를 원한다면 노인들 자신이 아름다운 '어른'이 되도록 힘을 쏟아야 합니다. 젊은이들로부터 존경받기를 욕심내기 전에 젊은이들이 존경하지 않을 수 없는 노인들이 되도록 '어른'으로서의 자기 몫을 책임져야 합니다.

이제 마을 사람들의 숙원사업이었던 경로당은 건립되었습니다. 나는 진심으로 경로당이 제 구실을 다할 수 있기를 바라는 마음 간절합니다. 가정에서나 이웃에서나 사회에서나 국가에서나 우리의 어른들이 어른

노릇을 제대로 했었더라면 동방예의지국(東方禮義之國)이었던 나라가 그토록 삭막해지지는 않았을 게 아니었겠느냐 하는 아쉬움이 있습니다.

5장

거듭 태어나기

게으른 철부지들

요즈음 내 집 애들은 이상하게도 게으르기 짝이 없다. 정말 무엇을 생각하며 살아가는 건지, 통 알 수가 없다. 손 하나 까딱하길 싫어한다. 땀 흘리는 일은 아예 꿈도 안 꾼다. 이젠 머리가 컸다고 심부름도 안 하려 든다. 저희들이 하기는커녕 오히려 애비 애미를 부려먹지나 말았으면 얼마나 좋으랴.

한 가족이면서도 애들이 커가다 보니 어떤 때는 내 자식답다는 생각이 전연 안 들 때도 있다. 가족이라면 한 가정이라는 울타리 속에서 각자가 해야 할 일들이 많다.

자고 일어나면 으레 침구 정도는 정돈해야 할 텐데 이부자리 하나를 제대로 개지 않는다. 방 한 번 쓸지 않고 마루 한 번을 쓸지 않는다. 벌여만 놓을 줄 알았지 치울 줄은 아예 모르고 살아간다.

빨래거리를 내어놓아도 여기저기에 내던져 놓고 만다. 빨 옷을 집어넣는 큰 양동이가 빤히 눈으로 볼 수 있는 곳에 있는데도 마룻바닥 아무데나 늘어놓는 것이다. 화장실에 가 보아도 마찬가지이다. 치약, 칫솔, 비누, 샴푸, 컵, 수건, 머리빗 같은 것들을 사용하고는 제멋대로 벌여 둔다. 전혀 자기 이외의 다른 사람을 생각하는 법이 없다.

고등학교 다니는 애들은 입시 준비 때문에 그렇다 치더라도, 대학에 다니는 애들은 무엇 때문에 그렇게 게으름을 피우는지 모르겠다. 아무리 배가 고파도 굶으면 굶었지 제 밥상 한 번 차려 먹을 생각을 하지 않는다. 밥상을 들고 나간다던가, 반찬 그릇을 치운다던가, 밥 먹은 그릇을 깨끗이 설거지 한다던가 하는 것은 감히 기대도 못할 일이다.

책상 위는 항상 지저분하기만 하다. 사용한 것을 제자리에 둘 줄 모른다. 그러면서도 바쁘기는 혼자들 바쁘다. 아침을 굶는 것은 이제 거의 생활화 된 셈이다. 시간이 없어서 먹지 못한다기보다 늦잠 자다가 못 먹는 것이다.

아무리 깨워도 밥 먹을 시간조차 맞춰서 일어나는 적이 없다. 제 양말짝 하나 빨아 신는 일이 없다. 안마당이나 대문 밖 골목이 아무리 지저분해도 빗자루 한 번 들지 않고 산다.

그토록 젊은 애들은 움직이기를 싫어한다. 전혀 책임감이 없다. 땀을 흘릴 줄을 모른다. 자기 스스로 할 수 있는 일인데도 자신들이 해내지 않는다. 저희들이 해야 할 일을 저희들이 하지 않으면 집안에서 누가 하겠는가.

자기가 마땅히 해야 할 일을 미루는 사람이 게으른 사람이다. 게으른 사람은 자기 몸을 움직이기 싫어하고 땀을 흘릴 줄도 모른다. 움직이기 싫어하고 땀을 흘리지 않는 사람은 자기 몫의 일을 다 할 수 없다. 게으른 사람은 결국 행복한 삶을 스스로 포기하는 사람과 다름이 없을 것이다.

굳이 삶의 모습을 가른다면 크게 두 가지로 나눌 수 있으리라. 하나는 자기 자신만을 위하는 삶의 모습이요, 다른 하나는 자기 아닌 남을 위하는 삶의 모습이다. 어떤 삶이 가치 있는 삶일까.

말할 것도 없이 행복한 삶은 다른 사람을 위해 최선의 도움을 베푸는 행동일 것이다. 최선의 도움을 베푸는 행동이야말로 곧 행복한 삶의 잣대가 아닐 수 없다. 남을 위한 삶이 결과적으로는 자기를 위한 삶이 아니겠는가.

우리는 어차피 남을 위해서 살지 않으면 안 된다. 다른 사람을 위해서 태어났기 때문이다. 남 아닌 나만을 위한 삶이라면 아무런 의미가 없다. 남을 위해 선을 베푸는 것이 가장 보람 있는 삶이다.

현재 우리 사회가 안고 있는 고질적 병폐의 한 가지는 바로 열심히 일하지 않고 먹고 살려는 풍조이다. 열심히 일하는 사람이 못살고 놀고먹는 사람이 잘 산다면 그 사회는 구조적으로 크게 잘못 되어 있는 사회이다.

농촌, 어촌, 도촌 말할 것 없이 사회 구석구석에서 놀고먹는 것을 자랑으로 여기는 사람들을 우리는 너무 많이 만나게 된다. 또 그런 사람들을 부럽게 여기며 살아가고 있는 사람들이 늘어만 가고 있다. 어떻게 입만 가지고 놀고먹는 사람을 부러이 여기는 사회가 되었는지 도무지 알 수가 없다.

사회 기강을 바로 잡아야 한다. 도덕을 바로 세워야 하고 참된 삶의 가치관을 정립시켜야 한다. 정치 탓이라면 정치를, 경제 탓이라면 경제를, 교육 탓이라면 교육을 이제 과감하게 고쳐가지 않으면 안 된다.

게으른 사회는 병든 사람을 만들어갈 뿐이다. 땀 흘리는 사람이 땀 흘린 만큼 잘살 수 있는 사회가 진실하고 희망찬 사회이다.

게으른 자식을 만들 애비 애미는 이 세상에 아무도 없다. 그렇다고 철부지 자식들이라 그러겠지 하고 넘겨 버리기에는 너무나 걱정이 크다.

곱게 늙기도 어려운 세상

광화문로에 위치한 모 신문사에 볼 일이 있던 날이었다. 저녁 여섯 시까지 가기로 전화 약속이 되어 있었다. 복잡한 퇴근 시간이었다. 자가용을 타고 갈까, 버스를 타고 갈까 하고 한동안 망설였다. 아무래도 러시아워이니까 버스가 더 나을 것 같았다. 혹시 또 술을 마시게 될지 알 수 없는 일이기도 했다.

좀 서둘러 여유 있게 버스 정류장으로 나갔다. 버스를 타려는 사람이 많은 편이었다. 그런데 5분, 10분이 지나도 노선버스는 오지 않았다. 교통체증 때문일까. 아니면 운전기사의 횡포 때문일까. 대학가에서 학생들 시위가 벌어졌는지도 모를 일이다. 버스 손님들은 더 많이 모여들고 있었다. 정류장에서 버스를 기다린 지도 20여 분이 다 되어 갔다. 많은 사람들이 눈이 빠지도록 기다리고 있었다. 버스가 얼른 오지 않으니까 기다리던 손님들이 짜증을 냈다. 초조해하는 손님들 중에는 입속으로 욕설까지 뇌었다. 바로 그때였다.

"찌-이익, 꽝, 꽝!"

정류장으로부터 불과 30여 미터 떨어진 곳에서 들려온 굉음이었다. 교통사고가 발생했다. 몸서리가 쳐지는 순간이었다. 마주오던 승용차끼리 맞받아 일어난 사고였다. 순식간에 차량들이 밀렸고 오가던 행인들이 벌떼처럼 몰려들었다. 사고현장은 문자 그대로 아비규환이었다.

"아유, 끔찍해. 저 놈의 자동차들."

교통순경이 달려와 환자 수송과 차량소통을 서둘렀다. 사고현장을 지나오던 행인들의 얼굴은 너무나 처참하다는 듯, 하나같이 일그러진 표정들이었다. 피해상황은 퍽 참혹한 것 같았다.

얼마 후 차량들은 서서히 소통되었고 사고현장에는 콱 찌그러든 차 두 대가 덩그렇게 마주보며 놓여 있을 뿐이었다. 언제 사고가 있었냐는 듯, 거리는 사고의 참상을 잊어버려 갔고 버스 손님들도 아까처럼 오지 않는 버스를 또 다시 초조하게 기다리며 술렁거렸다.

그런데 이번에는 젊은이들의 고성방가가 요란하게 들려왔다. 목이 찢어질 듯, 고래고래 지르는 노래 소리였다.

"잠깐만! 잠깐만!"

유행가사의 한 대목인 듯했다. 술 취한 젊은이들 대여섯 명이 정류장 쪽으로 마치 돌진하듯, 스크럼을 짜고 지나갔다. 버스를 기다리던 사람들이 이리저리 피하고 몰리면서 길을 비켜 주었다. 모두들 한 마디씩 욕을 해댔다.

칠십 연세가 넘어 보이는 할머니 세 분이 내 곁으로 다가섰다. 외모를 보아서는 퍽 세련된 분들 같았다. 허나 그 할머니들의 대화는 꽤나 난폭하였다.

할머니 A가 말했다.

"저 거들먹거리는 놈들을 좀 봐요. 저 젊은 것들의 술 쳐 먹은 꼴을. 얼마나 할 짓들이 없으면 이 대명천지에 저짓들일까. 모두 날강도들 같이 보이니 참 큰일이지?"

할머니 B가 할머니 A의 말을 받았다.

"아, 요즘 공장이고 노동판이고 어디고 간에 일할 사람이 없어 난리래요. 힘든 일하겠다는 놈들은 하나도 없고. 대낮부터 저렇게 술 쳐 먹고 노는 놈들은 뭘 하는 놈들일꼬."

할머니 A가 다시 응수했다.

"참 세상 기가 막힐 노릇이지."

할머니 C가 할머니 A, B의 말을 맞받고 나섰다.

"그렇게 막들 떠들어대지 마슈. 젊은애들한테 봉변당하면 어쩌려고. 아, 국무총리 봉변당하는 사진, 못보셨수?"

할머니 A가 할머니 C의 말을 되받고 나섰다.

"봉변당하면 대수여? 살만큼 살았는데. 할 말은 좀 하고 살아야 속이라도 덜 답답할 거 아니겠어? 도대체 정치한다는 놈들은 뭘하고 있는 거야? 맨날 거짓말만 식은 죽 먹듯 늘어놓고, 원 믿을 수 있는 게 있어야지."

할머니 B가 할머니 A의 말을 옹호하고 나섰다.

"그래, 살벌한 세상이야. 암, 무서운 세상이고 말고. 힘 안 들이고 떼돈을 벌려는 놈들 때문에 소화가 안 된다니까. 일하기 싫어하는 놈들은 모두 잡아다가 강제노동을 시키던가, 아니면 능지처참을 하던가 해야 돼."

할머니 C가 실망하는 눈빛으로 말을 받았다.

"왜들 그리 포악해지셨수? 아무리 무서운 세상이라지만 우리 곱게 늙어 갑시다. 다 모두 저 잘난 맛에 사는 것도 팔자소관이라우. 어디 우리가 걱정한다고 해결될 일이겠수?"

할머니 A, B가 동시에 흥분하면서 할머니 C의 말을 반박했다. 몹시 불쾌한 어조였다.

"팔자소관이라고?"

할머니 B가 더 화를 내면서 말을 이었다.

"아, 신문도 못 봤어? 아무데서나 개돼지 잡듯, 칼로 사람을 푹푹 찔러

죽이는 세상인데 무슨 놈의 얼어붙은 팔자소관타령인가. 경찰 앞에서도 사람을 죽이고 사라지는 판국인데, 어떤 놈들을 믿고 우리가 곱게 늙어갈 수가 있어?"

기다리고 기다리던 버스가 막 도착했다. 얼마만인가. 버스 손님들 대부분이 한 30여 분 이상씩이나 차를 기다린 셈이었다. 버스의 '타는 문' 쪽으로 그들은 와! 하고 몰렸다. 그 와중에서도 할머니들은 연신 신음소리를 내면서 또 한마디씩 뇌까렸다.

"죽일 놈의 자식들!"

아, 도대체 할머니들의 욕설은 누구를 위한 저주일까. 그렇다고 누구를 꼬집어 욕할 수 있단 말인가. 그 누구도 저주의 대상일 수는 없지 않은가.

부대낄대로 부대끼며 버스에 오른 승객들 속에서 할머니들은 계속해서 한숨을 터뜨렸다.

"늙으면 죽어야지. 곱게 늙기도 어려운 세상인데."

좀체로 흥분을 가라앉힐 줄 모르고 자학적인 탄성을 연발하는 것이었다. 못 볼 꼴을 본다는 심사들 같았다.

험한 세상을 살아가는데 누군들 마음이 편할 리가 있겠는가. 그렇지만 너그러워야 할 노인들마저 세상을 개탄할 수밖에 없다니 이 얼마나 한심스러운 일인가.

비좁은 버스 속에서 나는 한동안 목적지를 잊은 채, 눈을 감고 서 있었다. 노인들마저 곱게 늙어갈 수 없다는 세상이 마냥 안타깝기만 했다.

그러나 그보다도 그런 사실들을 안타가워만 하면서도 분노할 수 없는 나 자신에 대해 나는 더더욱 소스라치게 놀라고 말았다.

거듭 태어나기

많은 사람들이 요즘 즐겁게 살아가기가 어렵다고 말들을 한다. 눈을 크게 뜨고 드높은 하늘을 우러러 보며 떳떳하게 살아보려고 해도 별로 신명 나는 일이 없단다.

썩어가는 인간, 썩어가는 사회, 썩어가는 자연을 보면서 어찌 즐겁게 살아갈 수 있단 말인가 하고 말이다. 무엇 때문에 만물 가운데에서 유독 인간만 그토록 사악해져 가는지 도무지 알 수가 없다는 것이다.

인간의 본래적 본성을 맹자는 '인(仁)' '의(義)' '예(禮)' '지(智)'라고 강조하였다. 그러한 본성의 실현만이 인간을 인간답게 살 수 있도록 한다고까지 역설하였다. 그러나 이젠 맹자의 말도 교훈이 될 수 없단다. 지금은 인간다운 인간을 만나기가 어렵기 때문이란다.

모두 다 제 뱃속에 구렁이 몇 마리씩 집어넣고서 잇속들만 차리고 있다는 것이다. 남이야 죽든 말든 철저히 자기만 잘살면 된다는 사고방식이니 개탄스럽기 그지없다는 말들이다.

싱싱한 자연이 공해와 오염 때문에 병들어 가고 있다. 땅이 갈갈이 파헤쳐지고 나무뿌리가 허옇게 드러난다. 연신 들려오는 자연 폭파 소리에 살점이 닳아진다. 숨을 제대로 쉴 수 없다. 피어야 할 들꽃들도 사라져 가고 노래 부를 들새들도 쉴 곳을 잃어간다.

물이 썩어 사람이 마실 물도 귀해진다. 이 강, 저 강에서 물고기들이 떼죽음을 결행한다. 이 바다 저 바다의 어장, 양식장이 기름으로 얼룩지고 철새들이 비명횡사를 거듭하고 있다. 모두 다 불쌍한 인간들이 자연에 대해 저지른 죄악의 참상들이다.

선량한 마음이 사리사욕에 물들어 마비되어 가고 있다. 남을 사랑하는 마음이 있을 리 없다. 남을 존경하는 마음이 있을 리 없다. 남을 이해하는 마음이 있을 리 없다. 미워하는 마음, 멸시하는 마음, 악용하는 마음만 득실거릴 뿐이다.

돈을 벌기 위해서라면 간도 쓸개도 다 내어 팽개쳐버린다. 양심 같은 건 입에 떠올릴 수가 없다. 입에서 떠올리는 양심을 또한 믿어 줄 사람도 없다. 메마를 대로 메마르고 삭막할 대로 삭막해져 버린 냉혹한 인심들이다. 모두 다 사악한 사람들이 선량한 사람들을 자연대로 내버려 두지 않기 때문이다.

재력 있는 사람들의 횡포, 권력 있는 사람들의 비리, 학식 있는 사람들의 교만, 놀고먹는 사람들의 허세-그런 죄악, 참상들만이 온통 판치는- 사회가 되어버렸다.

사회 구석구석마다 투기, 술수, 협잡, 모리가 횡행하지 않는 곳이 없다. 재벌기업군은 재벌기업꾼들 대로, 정치꾼은 정치꾼들 대로, 교육꾼은 교육꾼들 대로, 예술꾼은 예술꾼들 대로, 무위도식꾼은 무위도식꾼들 대로 그들의 사리사욕이 극성을 부리는 판국이다.

한결같이 그들은 부동산과 권세와 돈과 섹스만을 좇고 좇는다. 폭력과 비리가 난무하는 암담한 세상이다. 모두 다 무도한 사람들이 사회에 대해 저지른 처절한 비극이다.

착한 사람들의 목소리가 거칠어져 가는 까닭은 무엇일까. 누구를 대상으로 하는 비난의 화살일까. 무엇 때문에 두 분에 불을 붙여 그토록 화를 내는 것일까. 참는 자에게 복이 있다는데, 이젠 오는 복도 싫은가 보다.

누구나 자기의 목소리를 제 색깔대로 낼 수 없음을 개탄한다. 민주사회는 다양한 목소리를 조화시켜야 재미가 있다. 자기의 마음이 한없이 서글프다고 서글픔만을 한탄할 일이 아니다.

밥맛이 없다고 밥을 제대로 먹지 않을 수 없다. 잠이 오지 않는다고 잠을 제대로 자지 않을 수 없다. 매사에 짜증만 낸다고 일이 잘 되지 않는다. 웃을 수 없어도 웃어야 하고 울 수 없어도 울어야 한다.

어차피 우리는 억지로라도 더불어 살아가야만 하니까. 살기 싫다고 죽어버릴 수는 없기 때문이다. 우리는 살아가야 한다. 어떠한 어려움이 있더라도 열심히 그리고 정성껏 땀을 흘리며 일을 해야 한다.

그런데 도대체 무엇을 보고 무엇을 생각하고 무엇을 말하고 어떻게 행동해야 좋을지 도통 알 수가 없다. 오해는 오해대로, 불신은 불신대로, 갈등은 갈등대로, 반목은 반목대로 무성해 가는 무서운 세상이니 말이다.

까닭은 뻔하다. 정치한다는 정치꾼들이 정치를 잘 못하는 탓이다. 기업한다는 기업꾼들이 기업을 잘 못하는 탓이다. 교육한다는 교육꾼들이 교육을 잘 못하는 탓이다.

누구를 위한, 누구에 의한, 누구의 정치요, 기업이요, 교육이란 말인가. 썩어가는 인간, 썩어가는 사회, 썩어가는 자연을 말로만 외쳐 탓할 게 아니다. 두 눈을 부릅떠야 한다. 과감한 개혁의지 없이 썩은 정치, 썩은 기업, 썩은 교육의 곪은 종기를 어찌 수술한 수 있단 말인가.

우리가 거듭 태어날 수 있는 길은 바로 그릇된 정치풍토, 그릇된 기업풍토, 그릇된 교육풍토를 바로잡는 길밖에 없다. 사리사욕에 노예 된 자들을 말끔히 걸러내야 한다.

따뜻한 인사말 한 마디

예절은 인간 생활에 질서를 부여하는 원리이다. 우리 생활에 예절이 없다면 금수(禽獸)의 생활과 크게 다를 바가 없을 것이다. 인간적인 삶의 바탕은 역시 예절로부터 시작된다. 흔히 짐승만도 못한 인간이니, 개만도 못한 사람이니 하고 꾸짖게 되는 것은 곧 예의에 어긋나는 행동을 하기 때문이다.

철면피(鐵面皮)라는 말이 있다. 낯가죽이 두꺼운 사람을 가리키는 말이다. 얼마 전까지만 해도 철면피라는 말을 듣고 화내지 않는 사람은 거의 없었다. 그만큼 예의를 따지던 시대에는 철면피라는 어휘가 욕설의 의미를 크게 담고 있었기도 하다.

그러나 이제는 뻔뻔스러워야만 실력 있는 사람으로 인정받는 시대가 된듯하다. 철면피가 득세하는 사회가 된 것이다. 낯가죽이 얇은 사람은 늘 겸손만 떨다가 수줍어 감히 말도 꺼내지 못하기가 다반사이다. 하지만 철면피들은 그렇지 않다.

뻔뻔스러운 사람들의 가장 좋은 무기는 금력(金力)이다. 툭하면 돈 얘기를 앞세워 잘난 체를 하는 것이다. 그들은 돈이면 만사가 다 해결된다고 믿고 있다. 그렇다고 돈의 노예가 되어 있는 줄은 모른다. 인격이라든가 예의, 양심 같은 것이 그들에겐 있을 리가 없다.

돈 때문에 나고 죽는다는 사람들은 돈이 바로 삶의 목적인 양 생각하고 있다. 돈이면 이 세상에 안 될 일이 아무것도 없다는 심보이다. 목적과 수단이 완전히 전도된 것이다. 돈의 위력을 믿고 목소리마저 키우기까지 한다.

하기야 사람이 살기 위해선 반드시 돈을 필요로 하기도 하다. 돈은 사람이 먹고사는 생활을 가능케 하는 가장 기초적인 조건이 되기 때문이다.

우리는 사람을 가리킬 때 인구(人口)라고 하고, 집안의 권속(眷屬)을 말할 때 식구(食口)라고 한다. 인구는 사람의 입이란 뜻이다. 식구는 먹는 입이란 뜻이다. 입이, 빵이, 돈이 얼마나 중요한가를 단적으로 알려주는 말이다. 경제를 무시하고 예절을 논한다는 것은 공허한 이론인지도 모른다.

하지만 돈은 분명히 생활의 수단이지, 인생의 목적은 아니다. 그런데도 마치 인생을 돈으로 평가하려는 듯 대어드니 참으로 어처구니없는 일이 아닐 수 없다.

고향 친구가 부친상을 당하여 문상을 간 일이 있었다. 그 자리에서 여러 친구들을 만났다. 그 중에 돈을 많이 벌었다고 소문난 친구도 만나게 되었다.

한 30여 년 만에 만난 셈이다. 처음엔 서로 얼굴도 잘 알아보기 어려웠지만 익히 소문을 들었던 터였으니, 아무튼 반가웠던 게 사실이다.

그러나 그것은 잠시뿐이었다. 그 동안 살아온 인간적 동정도 물을 사이 없이 다짜고짜 거드름을 피면서 그는 내게 이렇게 물어왔다.

"얼마짜리 봉투를 내어 놓았나?"

"……"

"무슨 차를 타고 다니나?"

"……"

기가 막혔다. 하도 어처구니가 없어, 나는 한 마디 대답도 할 수가 없었다.

그 넉살 좋고 뻔뻔스러운 친구의 말에 무슨 말로 대꾸를 할 수 있단 말인가. 그런 자리에선 입이 열 개가 있다한들 아무 소용이 없는 것이다. 오직 돈으로만 인생을 저울질 하려는 뻔뻔스러운 그의 눈빛 속에선 한 인간의 저주받을 운명만을 느낄 수밖에 없었다.

도저히 그 자리에 더 앉아 있을 수 없어 나는 벌떡 일어나 나와 버리고 말았다. 세상인심이 어찌 그토록 지저분해 질 수 있단 말인가.

그런데 얼마 후, 그 돈 많다는 친구가 병원에 입원해 있다는 소식이 들려왔다. 교통사고였는데 중상이었단다. 뇌수술까지 받았는데 경과가 좋지 않아 재수술을 또 받아야 한단다. 너무 많이 다쳤기 때문에 수술이 끝나도 정상을 회복하기는 어렵다는 것이다. 인생무상(人生無常)이라는 말이 실감나기도 한다.

그래도 그 친구는 돈이 많으니까 돈으로 분명히 건강을 되찾을 수 있으리라고 믿고 있을 것이다. 이 세상에 돈 가지고 안 되는 일 있느냐고 넉살 떨던 친구였으니 돈 가지고 빨리 건강을 되찾으라는 말로밖엔 나는 달리 어떻게 위로의 말을 보낼 수가 없다. 돈이 없었다면 벌써 자기는 죽었으리라고 생각했었을 테니 말이다.

대학 강단에서 학생들을 가르치고 있는 나 역시 마음이 자꾸 각박해져 가고 있는 느낌이다. 죽느냐 사느냐의 갈림길에 서 있는 그 친구에게 짓궂게도 고작 돈 가지고 건강을 되찾으라고 지껄여대고 있으니 그 얼마나 짓궂은 마음인가.

따뜻한 인사말 한 마디를 보내고 받을 수 없는 이 마음이, 이 사회가 한없이 저주스럽게만 여겨질 뿐이다.

세상사는 게 다 그런 거 아냐?

사백 평 남짓 되는 밭에다 땅콩 씨앗 두 말을 붙였다. 땅콩씨를 심는데 품앗이로 여자들 다섯 사람의 손을 빌렸다. 또 땅콩 밭을 매고 가꾸는데 여자들 아홉 사람의 손을 빌렸다. 그리고 다 영근 땅콩을 뽑고 터는데 닷새 동안이나 걸려 무려 열세 사람의 여자일꾼들을 얻었다.

장정들의 일손으로 따지자면 열한 명 정도의 품꺼리밖에 안 되는 일의 분량이다. 그런데도 터무니없이 스물일곱 명이나 되는 여자들 품을 사서 땅콩을 심고 매고 뽑고 떨어야만 했다. 힘은 힘대로 들었고 품삯은 품삯대로 나갔다.

농촌에서 여자들의 하루 품삯은 노소를 가릴 것 없이 일률적으로 만 원씩이다. 거기다가 아침새이(새이:새참의 방언), 점심, 그리고 저녁새이까지 제공하면 한 사람당 이천 원 정도가 더 가산된다. 그러니까 전체의 품삯을 계산하면 삼십 이만 사천 원 정도가 들어간 셈이다.

품삯 말고도 나간 돈은 또 있다. 농기계 사용료, 씨앗대, 비료대, 제초제 값이 삼만 삼천 원이나 된다. 품값에다 이 돈을 합치면 총 경비는 삼십 오만 칠천 원이다. 땅콩을 팔기까지는 아직도 손이 더 가야만 한다.

그런데 떨어뜨린 땅콩은 작황이 나쁜 탓인지 모두 열네 가마니밖에 되지 않는다. 땅콩 한 가마니 값은 좋게 쳐서 삼만 원씩이다. 땅콩 열네 가마니의 총 매출액은 사십이 만 원이 된다. 계산상으로는 육만 삼천 원이 남는 셈이다.

그러나 남는다는 돈은 실질적으로 남은 것이 아니다. 원금이라 할 수 있는 땅값의 이자와 가족들의 인건비까지 계산하면 결국 밑진 농사가 아닐 수 없다. 뼛골 빠지게 농사를 지어보았자 남을 것이 없다는 계산은 눈 감고도 뻔한 일이다.

아버지가 돌아가시자 어머니 혼자 농사를 건사하였다. 어머니 연세는 일흔여덟이셨다. 연세가 높으시니까 어머니께선 들일을 할 수가 없으셨다. 겨우 조석이나 끓여 잡수셨고 이집저집에 사정사정하여 일꾼들을 모으기에 힘드셨다.

농촌에선 일꾼 얻기가 가장 어려운 문제이다. 일손만 구하기 쉽다면야 우선 큰 걱정은 없다. 그러나 돈을 가지고도 구할 수 없는 게 일해 줄 일꾼들이다. 아무리 땅마지기를 가지고 있다 하더라도 직접 자기 손으로 경작할 수 없으면 농사는 헛일일 수밖에 없다. 그렇다고 남는 게 있건 없건, 농사꾼이 농사를 포기할 수는 없는 일이다. 농사꾼에겐 땅을 놀리는 것보다 더 큰 아픔은 없기 때문이다.

품앗이는 농촌 인심의 대표적인 풍속이다. 품앗이를 바탕으로 하여 마을 사람들의 인정이 얽히고설킨다. 일철이 되면 두레짜기를 하고 반별로 일손들을 모아 논밭 일을 한다. 집집마다 순번을 정해 차례대로 농사일을 진행시켜 간다. 내 집 네 집을 가리지 않고 모여서 일들을 한다. 일하는 집에선 그날 푸짐한 일밥 광주리가 몇 개씩 들로 나간다.

들판 여기저기서 고시레 소리가 터지고 같이 식사하자고 부르는 소리가 멀리까지 들려온다. 일밥 광주리가 돌아오면 집에서도 잔치가 벌어진다. 그날 일집에선, 일을 할 수 없는 노인들, 그 노인들의 손을 잡고 따라온 아이들, 그리고 학교에서 일찍 돌아온 어린 학생들이 모여 북적인다. 낮잠 자던 개들도 한데 어울려 먹을 것들을 챙겨간다. 그리고 은근히 다음 날에는 또 뉘 집에서 일을 할까 기다리기도 한다.

그러나 안타깝게도 요즈음은 품앗이를 하지 않는다. 대부분 농사일을 가족단위로 해간다. 주로 부부들끼리 들판에서 일들을 한다. 재미가 하나도 없어 보인다. 마냥 지루하고 힘들어만 보이는 것이다.

물론 몇 집 안 되는 친척들끼리 마지못해 품앗이를 할 경우가 있기는 하다. 그런 경우는 어쩔 수 없이 최소한의 일손들을 필요로 하기 때문이다. 무너진 논두렁이나 밭두덕을 쌓는다든가 가래질, 모내기, 벼 타작 같은 일들이 그 예이다.

품앗이를 꺼려하는 까닭을 사람들은 이렇게 말한다.

"내 집 일이 급한데 남의 집 일을 해줄 시간이 어디 있나. 이젠 남의 집 일을 하지 않고도 얼마든지 살 수 있지 않은가. 같은 값이면 힘 덜 들고 품삯 많은 공장이나 농장에 가서 일하는 게 얼마나 속 편한 일인가. 아무리 힘들여 일해도 밥 세 끼 먹는 건 누구나 마찬가지 아닌가."

한창 일해야 할 젊은이들에겐 일을 해달라고 암만 통사정을 해도 그들은 남의 일을 하러 다니지 않는다. 그렇다고 그들이 자기 집 일에 눈코 뜰 새 없이 바쁜 것도 아니다. 먹고 낮잠 자고 빈둥빈둥 놀망정 남의 일은 아예 생각도 않는다. 더구나 밤늦도록 텔레비전 앞에 앉았다가 이튿날 해가 중천에 떠도 일어날 줄 모르는 그들이다.

고향을 떠나 사는 사람은 누구에게나 향수가 있다. 주말이 되면 나는 시간이 허락되는 한, 고향에 내려간다. 내려가서 농사일을 거든다. 모판을 나르기도 하고 무논에 모를 때 우기도 한다. 온종일 콩밭을 매기도 하고 고추밭에 제초제를 뿌리기도 한다. 참깨 주저리를 세우기도 하고 마늘 접을 묶어 달기도 한다.

어느 한 가진들 쉬운 일이 없다. 농사일에 문외한이기 때문이다. 농사도 극히 전문직이 아닐 수 없나 보다. 낫질이나 삽질, 호미질도 고도의 기술을 요한다. 힘도 있어야 되지만 힘만 세다고 낫질, 삽질, 호미질이 쉽게 될 리 없다. 그만큼 나에게는 농사일이 힘겨운 일이다. 힘겹기 때문에 남보다 더 땀을 흘린다. 아니, 나는 즐겁게 땀을 흘리고 싶어 하는 사람이다.

고향에 와서 농사를 거드는 이유가 여기에 있다. 땀을 흘려 보아야 농사일의 힘겨움을 알고 종사일의 힘겨움을 알아야 고향에 대한 애착심을 갖는다. 골 깊은 향수는 어린 시절에 대한 추억이요, 고향 마을의 인정어린 애정이다. 고향의 추억과 애정어린 인상은 아무도 지울 수 없다. 가장 인간적이요, 가장 순수한 마음의 요람이기 때문이다.

땅콩 떨던 그날 저녁, 나의 어머니께선 이렇게 말씀하셨다.

"이젠 이곳도 사람 살 곳이 못된다. 놀고먹는 사람이 자꾸 늘어나는 걸 보면 알 수 있다. 이 동네가 얼마나 삭막해지고 있는지, 외지에 가 사는 너는 잘 모른다. 암만 영농이 기계화 되고 암만 문화시설이 좋아진다고 하면 뭘 하냐. 제일 중요한 인간의 마음이 자꾸 황폐화되어 가고 있는 걸."

점점 땀을 흘리지 않고 살아가려는 농촌 인심을 나는 탓할 수밖에 없다. 아름답게만 농주를 권하며 회포 풀던 정담분위기도 지금은 맛보기 힘들다. 고향 사람들의 급격한 인심 변화에 대한 회의감을 나는 떨쳐버릴 수가 없다.

그들은 이제 가장 물질적이고 안일지향적이고 이기적인 늪 숲으로 깊이 빠져들고 있다. 오로지 개인적인 이해관계 속에서만 이웃도, 친구도, 사회도, 국가도 생각해버리고 만다. 그들은 하나같이 나에게 오히려 이렇게 반문해온다.

"세상사는 게 다 그런 거 아냐?"

하기야 세상 돌아가는 대로 저 잘난 멋에 사는 게 인생이라고 하는 데는 달리 무슨 말을 할 수가 없다. 다만 가슴으로 말하고 가슴으로 통하고 가슴으로 느끼는 따뜻한 인간미가 자꾸자꾸 사라져가고 있는 고향 농촌의 현실이 안타까울 뿐이다.

돈 쓰는 게 요즘 취미라네

취미는 사람 얼굴만큼이나 다양하다. 사람마다 마음이 다르고 개성과 소질이 다르다보니 취미인들 다르지 않을 수 없다. 각자 개성에 따라 어떤 취미활동을 하든, 누가 무어라 탓할 수도 없는 노릇이다. 취미는 개개인의 개성과 주관적인 선택에 의해서 오랫동안의 반복적인 습관성으로 얻어지는 것이기 때문에 더욱 그렇다.

개개인의 취미는 그 형성과정에 있어 다분히 상대적이면서도 결과적으로는 독자적인 속성을 지니게 마련이다. 처음에는 친구 따라 이런저런 호기심으로 활동이 이루어지다가 나중에는 그 활동이 자기도 모르는 사이에 습관화되어 독자적인 취미로 굳어지는 예가 그것이다. 그렇게 해서 굳어진 취미는 나름대로 이기적인 절대성(?)을 띠고 추진되기도 한다.

남들이 얼핏 보기에는 어떻게 저런 일을 즐길 수 있을까 싶지만 당사자들은 취미활동을 통하여 그 무엇과도 바꿀 수 없는 절대적(?)인 희열을 나름대로 느낄 수 있을 것이다. 그 절대적인 희열이 때로는 취미활동을 맹목적일 수 있게 한다는 데에 바로 큰 문제가 있다. 그래서 지나치게 비생산적이요, 퇴폐적인 일까지도 취미라는 이름 아래 버젓이 행해지는 수가 많다.

경제나 문화수준이 높아감에 따라 취미활동도 퍽이나 고급스러워져 가는 듯한 느낌이다. 물론 여기서 말하는 고급스러움은 취미활동의 본질적인 순수성과는 거리가 좀 멀다. 이를테면 경제적으로나 시간적으로나 정신적으로 부담감을 안겨주는 취미활동이 고급스럽다는 말에 해당

될는지 모른다. 그런 취미 활동은 오히려 건전한 국민생활에 하등 도움이 될 수 없을 것이다.

취미생활은 각박한 현대인들의 긴장을 완화시켜 준다는 점에서 필요불가결한 일이 아닐 수 없다. 긴장을 완화시켜 주는 취미 활동은 육체적, 정신적으로 우리들을 더없이 건강한 사람으로 만들어 간다. 건전한 오락이나 여가선용은 우리들에게 심신단련은 말할 것도 없고 거기다가 함께 동참하고 즐기고 기뻐하는 마음까지 누릴 수 있게 해주는 것이다.

그런데 요즘은 어찌된 일인지 사람들이 건전한 취미활동보다는 불건전한 취미활동 쪽으로 선회한 듯한 느낌이다. 이는 국민 정서를 해친다는 점에서 사회적으로도 큰 문제가 아닐 수 없다. 무조건 돈 많이 드는 취미활동일수록 고상한 취미에 해당된다는 생각들이다.

내기, 투기 또는 도박성을 띠는 취미생활은 인간의 마음을 한없이 긴장시킨다. 마음이 긴장되면 감정이 격화할 수밖에 없다. 감정이 격화하면 이성을 잃게 되고 이성을 잃으면 선과 악을 올바르게 판단하기 어렵게 된다. 이쯤 되면 취미활동은 그 순수성을 넘어서서 우리의 생활을 깊은 혼란의 늪 속으로 빠져들게 하고 마는 것이다.

취미문화는 곧 그 나라 국민생활의 건전성 여부와 직결되기도 한다. 건전한 취미는 국민 정신력에 활력소가 될 수 있지만 불건전한 취미는 국민성을 나태하고 황폐하게 만들어간다. 더구나 빠지기 쉬운 사행심리와 결부될 때, 사람들이 땀 흘려 얻는 보람보다는 불로소득의 요행수에 더 집착하게 될 건 불을 보듯 뻔한 일이다.

한 번 빗나간 습성은 평생 불행을 자초할 수도 있다. 취미생활은 가장 길들여지기 쉬운 습관성의 특질을 지닌다. 자칫 의롭지 못한 마음에 이

끌려 즐기기 시작한 취미활동이 자기 평생을 탕진하게 만드는 경우는 얼마든지 많다. 과소비적 사회풍조에 편승한 사치성 취미활동이 기세등등해 가는 것은 그 좋은 예가 아닐 수 없다.

살기가 좀 좋아졌다고 해서 세상인심이 먹고 마시고 즐기는 쪽으로만 치닫고 있는 경향이니, 이는 한심하다 못해 분통이 터질 지경이다.

"돈 쓰는 게 요즘 취미라네."

이제는 아예 자랑삼아 그런 말을 넉살좋게 떠들어대는 친구들이 점점 늘어가고 있다. 이 얼마나 해괴망측한 취미생활이란 말인가. 타락도 분수가 있는 법이다.

눈, 귀, 입, 손을 개조하자고 역설하던 도산 안창호(島山 安昌浩, 1878~1938) 선생의 말씀이 더욱 새로워진다.

교통사고 사기극

그 날은 바로 아내의 생일날이었다. 마침 오전 강의만 있는 날이라 아내와 점심을 밖에서 들기로 약속을 했었다. 강의를 끝내자마자, 집에서 기다리고 있을 아내의 얼굴을 머릿속에 그리며 차를 몰고 있었다.

신호등 없는 횡단보도에 이르렀을 때였다. 보행자가 있었다. 일단정지하고 보행자를 건너게 했다. 다시 출발하려고 할 때, 세 사람이 또 승용차 앞으로 접근해왔다. 그 사람들에게 건너가도록 손짓을 해보였다. 그러나 그들은 건너가지 않고 멈칫하더니 한 발짝씩 뒤로 물러선 채, 제자리에 그대로 서 있었다.

그때, 차를 먼저 보내고 다음에 자기들이 건너 가려나 하고 생각을 했었다. 한 발짝씩 뒤로 물러서 있는 그들을 분명히 의식하면서 다시 차를 출발시켰다. 그 순간, 우측 백미러가 무엇에 슬쩍 채이는 소리가 났다.

흔히 있을 수 있는 일이라 여기고 계속 차를 움직였다. 그런데 이번에는 누가 승용차 뒤쪽 트렁크 윗부분을 일부러 때리는 소리가 강하게 들려왔다. 차도 옆으로 승용차를 급히 세웠다. 화가 치밀었다. 차 문을 열고 나갔다.

느닷없이 젊은 사람이 앞으로 다가서더니, 사람을 치어놓고 뺑소니를 치려고 했지 않느냐며 오히려 윽박지르는 것이었다. 한방 얻어맞은 듯, 얼떨떨한 기분이었다. 하도 기가 막혀 입을 열 수가 없었다.

그러나저러나 사람이 다쳤다니 우선 환자부터 급히 보살펴야 될 일 아닌가. 한 사람이 인도에 걸터앉아 무릎을 감싸 쥐고 씩씩거리고 있었다. 아파 죽겠다며 다리를 전혀 쓸 수 없다는 시늉이었다. 오가던 몇몇 행인들마저 발걸음을 멈추고 모두 쳐다보니 졸지에 나는 큰 죄를 저지른 사람처럼 되어버리고 말았다.

그들은 환자를 빨리 병원으로 데려가자고 서둘렀다. 그들의 일방적인 뜻에 따라야만 했다. 차에 그들 세 사람을 태웠다. 그들이 가자는 병원은 사고 현장으로부터 가까운 곳에 있는 개인병원이었다. 입원실도 갖추지 못한 작은 규모였다.

환자의 부상 부위는 무릎 위에 나타난 불그스레한 반점이었다. 그 반점의 크기는 곡 메추리알만 하였다. 교통사고 환자임을 확인한 의사는 연신 가벼운 웃음마저 흘리면서 빠른 속도로 응급처치에 임했다. X-Ray 촬영, 주사약 투입, 붕대 부착, 진단서 발급 등이 쉽게 이루어졌다. 무릎 인대 확장에 4주 치료 및 요양을 요하는 진단결과가 떨어졌다.

집에서 초조하게 기다리고 있을 아내의 얼굴이 눈에 선했다. 그렇다고 전화를 걸어 사정을 얘기해봐야, 아내는 더 속만 긁일 게 뻔했다. 아예 약속 시간엔 좀 늦는 한이 있더라도 빨리 합의를 해서 마무리를 짓고 마는 것이 좋겠다는 생각이 들었다.

마침 환자와 그의 친구되는 두 사람이 뜻밖에도 합의를 위한 보상 문제를 들고 나왔다. 막상 두렵기도 했지만 한편 반갑기도 했다. 하지만 그들이 요구하는 보상액수는 무려 4백만 원이나 되었다. 너무나 터무니가 없었다. 환자가 벌려 놓은 사업체가 두 군데나 있는데 한 달 수입이 4백만 원이기 때문이라는 것이었다. 진단 결과는 4주로 나왔지만 입원 기간은 얼마든지 연장할 수 있는 것이니까 알아서 보상을 해달라는 투였다.

될 수만 있다면 나는 인간적인 이해로써 해결 방법을 모색해 보자고 대들었다. 그럴수록 그들은 반사적으로 눈을 부라리며 애들 장난인 줄 아느냐고 비아냥거렸다. 그리고는 협박하기 시작했다. 기왕 입원할 바에는 종합병원 특실로 가서 혼자 요양하는 셈 치고 푹 쉬겠다는 것이었다. 재산이 얼마나 있는지는 몰라도 그 재산 다 날릴 때까지 수단방법을 가리지 않을 테니 알아서 하라는 식이었다.

너무나 어처구니없는 일이었지만 켕기는 것은 분명 내 쪽이었다. 울며 겨자 먹기로 재차 그들과 합의를 시도할 수밖에 없었다. 사실 경미한 교통사고라면 당사자들 쌍방의 원만한 합의가 훨씬 더 마음 편한 일이다. 경미한 사고를 가지고 보험처리를 하기 위해 법적 절차를 밟아 봤댔자 오히려 심적 부담만 더 가중될 뿐이 아니겠는가.

그러나 그들이 짐승의 탈을 쓰고 있는 이상, 그들과의 원만한 합의는 도저히 이루어질 기미가 보이지 않았다. 하는 수 없이 법적인 절차를 밟게 되고 말았다. 이제는 내 쪽에서 요구하는 합의에 그들이 응해 올 수 있도록 나름대로 가능한 최선책을 백방으로 강구하였다.

힘 있는 자들의 이력은 대단하였다. 그날 밤 늦게 나는 교통사고 사기극 환자로 하여금 합의서에 도장을 찍도록 하기에 이르렀다.

교통사고 사기극과 같은 사회적 폐단은 모두가 인간 심성의 야욕으로부터 비롯된다. 땀 흘리지 않고 돈 벌려는 얄팍한 억지와 폭력의 소치이다. 열심히 일해도 부자가 될 수 없다는 이 사회의 구조적 모순 때문일까.

억지와 폭력이 무성하면 부정과 비리도 난무한다. 억지는 또 다른 억지로, 폭력은 또 다른 폭력으로, 부정은 또 다른 부정으로, 비리는 또 다른 비리로 맞서게 되어 있다. 승용차의 필요성은 오직 승용차로서의 구실뿐이다. 승용차가 그 구실을 벗어날 때, 우리에게 빚어지는 사회적 오염도는 점점 번져갈 수밖에 없을 것이다.

강태공이 낚은 세월

15년째, 출판사를 경영하고 있는 후배가 전화를 걸어왔다. 거의 1년만이었다. 보고 싶으니, 만나자는 것이었다. 언제나 마냥 반가운 손아래 친구였다. 손아래 친구이면서 그는 나를 형으로 대해 왔고, 나는 또한 그를 아우로 대하는 터였다.

나는 출판업에 쏟아 부은 그의 정열을 익히 알고 있다. 대학을 졸업한 후, 그는 자기 선친의 영세 인쇄업을 이어받았다. 지금은 각종 산업도서와 대학 교재 및 월간 잡지 2종을 발간할 수 있을 만큼 큰 출판사로 키워 놓았다. 회사 직원만도 내근, 외근을 합쳐서 100여 명 선을 웃돌고 있으니, 그 만큼 그가 이뤄놓은 업적은 놀랄 만했다.

전에 만났을 때보다, 그의 얼굴이 너무 수척해보였다. 어디가 아팠었을까, 아니면 경영난 탓이었을까. 쪽 빠진 얼굴에 수심마저 깃들여져 있는 듯했다. 만나자 마자 나는 그에게 건강 안부부터 물었다.

"건강이 안 좋았었나?"

"아녜요. 회사 경영에 어려움이 좀 있어서였죠. 그 동안 별고 없으셨구요?"

"나야, 무슨 별일이 있었겠나. 매일 책이나 읽고, 글이나 쓰는 게 일인데."

"형님이 제일 부럽습니다. 그러나 저러나 요즘은 젊은 애들에게 정을 붙일 수가 없으니, 도통 세상 사는 재미가 없어요."

"무슨 얘기야? 그건 그렇고 아우는 우선 건강에 유의를 해야겠네. 돈 버는 일이야 건강 다음 아닌가? 오래 살고 봐야지."

인사로 몇 마디를 건네면서, 나는 그에 대한 걱정이 증폭되어 갔다. 회사 경영에 어려움이 있었다든다, 요즘 젊은 애들에게 정을 붙일 수가 없다라고 하는 말들이 예사롭게 들리지 않았기 때문이었다.

아르바이트 학생인 듯한 아가씨가 날라다 놓은 커피 잔을 잡으면서 그는 혼자 피식 쓴웃음까지 지었다. 그러더니 지난 1년 동안에 벌어졌던 어려움을 털어놓기 시작했다.

친지들로부터 취직 부탁을 받고, 오갈 데 없는 젊은 사람 대여섯 명을 한꺼번에 자기 회사 사원으로 채용했었단다. 회사도 제법 커졌겠다, 그들에게 일자리를 주어 열심히 일할 수 있도록 한다는 것은 그래도 자기에겐 나름대로 보람 있는 일로 여겼기 때문이라는 것이었다. 그들이 정말 열심히만 일한다면 자기들도 살 수 있고, 회사 또한 그들로 하여금 훨씬 더 번창할 수 있다는 건 당연한 일 아니겠느냐는 것이다.

그런데 한 달쯤 지나더니, 어느 날 갑자기 그들이 '노조'라는 걸 결성하더란다. 설마하니 노조라는 게 회사에다 보탬을 주지 못할망정, 피해는 주지 않겠거니 생각했다는 것이다. 더구나 친지들의 어려운 청탁을 들어준 셈인데, 자기들의 취직을 알선해 준 그 어른들을 생각해서라도 설마 그들이 말썽을 피울 수 있을까 싶었단다.

하지만 웬걸, 믿는 도끼에 완전히 발등을 찍힌 격이 되고 말았다는 것이다. 하루아침에 그만 모두 배신자가 되더란다. 날강도가 따로 없다고 그는 흥분했다. 그들이 바로 날강도들이었다는 것이다.

요구조건들이 어마어마하더란다. 노사 간의 협상이란 애시당초 마음조차 먹을 수 없었단다. 요구사항들이 모두 99가지였는데, 그걸 들어주자면 회사고 집이고 다 팔아 치워도 해결될 수 없었기 때문이었다. 세상에 어떻게 그럴 수가 있느냐는 것이다.

그의 두 눈에 통한의 눈물이 맺혀왔다. 깊은 한이 서렸었던가 보다. 시선에 초점을 잃은 듯, 멍한 눈으로 창밖으로 내다보았다. 악몽이 되살아나는 걸까.

노사분규로 꼭 석 달 열흘 동안 회사 문을 닫아야만 했단다. 일년 동안의 수지를 결산해보니 3억 원에 가까운 적자였더란다. 그 후유증이 지금도 계속되고 있다는 것이다.

그 후배가 측은하게 여겨졌다. 법 없이도 산다는 사람인데, 어쩌다가 그 험한 꼴을 겪게 되었는지 하고 말이다. 그의 일이 나는 남의 일 같지가 않았다. 그의 몸이 야윈 까닭을 이제야 좀 알 것만 같았다.

나는 이럴 때, 그에게 뭐라고 위로의 말을 주어야 할지 잘 모른다. 내 세 치 혀를 원망할 뿐이다. 우정을 가슴으로 느끼면서도 도움말 한 마디를 시원하게 줄 수 없는 마음이 속절없이 안타깝기만 하다.

"세상이 지금 얼마나 험악한가? 제 눈앞에 보이는 이익들만 생각했지, 인정으로 얽히고설킨 따스한 인간미를 생각하는 사람이 요즘 어디 그렇게 흔켔는가. 착하디 착한 자네가 그 동안 참 애 많이 먹었겠군. 그래도 끝까지 그 사람들을 믿어야 되네. 절대로 그 사람들을 미워해선 안 돼. 언젠가는 꼭 자네가 필요로 하는 사람들로 돌아올 걸세. 인자무적(仁者無敵)이라 했으니, 자네 같은 사람에게는 어느 누구도 적이 될 수는 없지."

"그래요, 참고 기다리는 수밖에 없습니다, 다 내가 덕이 모자라는 탓이었죠. 욕심을 하나하나 떨어버리니까 지금은 마음이 그렇게 편할 수가 없어요."

늘 그래오듯이 그는 남에게 베푸는 편이었지, 챙기는 편이 아니었다. 챙기는 편이 아니라고 해서 노사 간의 갈등이 없는 것은 아니다. 그는 이미 홍역을 치른 사람이다. 그 홍역을 치러내는 데 어떤 희생도 그는 감내해왔다. 그것은 사업상의 문제들이니, 거기까지는 내 생각이 미치기 어려울 것이다.

크고 작은 기업들이 노사 간의 갈등을 증폭시킬 때마다 많은 사람들이 흔히 근로자들을 매도하고 나섰다. 배가 불러지니까 일하기가 싫어서 그런다는 등, 일하기가 싫으면 저 혼자만 그만두면 되지 않느냐는 등 근로자들을 비아냥거리기가 일쑤였다. 자본주의 사회에서는 돈 가진 사람이 주인이 아니냐, 회사 주인이 자기 회사를 자기 마음대로 주무르는 건 당연한 일이다. 라는 식으로 사주를 비호하는 입장들을 취하였다.

노사분규에 대한 부정적인 몇몇 가지 입장들만 가지고서는 아무리 이러쿵저러쿵 떠들어대 봐야 우리가 살아가는 데 별로 도움이 되지 않는다. 가장 중요한 문제는 민주화를 향한 국민의식의 변화이다. 노사분규는 민주화 운동의 필연적인 산물이다. 궁극적으로는 근로자들의 생존권과도 직결되어 있는 문제임에 틀림없다.

이제는 노사관계도 주종관계를 청산하고 평등관계를 구축해야 한다. 노사 간의 모든 회사원이 주인도 되어야 하고 근로자도 되어야 한다. 기업 경영의 진정한 민주화만이 결과적으로는 그 회사를 번영시킬 수 있지 않겠는가.

욕심을 떨어버리니 마음이 아주 편해졌다는 후배의 태도가 자랑스럽기도 하고 한편 몹시 부럽기도 했다. 흥분된 마음을 충분히 자제할 줄 알면서 자신의 부덕함을 탓하는 겸손까지 보여주는 그 후배가 너무나 미더워보였다.

"맞아, 자네 말대로 참고 기다리는 거야. 강태공이 오랜 세월을 낚으며 기다렸던 것처럼. 태공망이 위수 가에서 그 오랜 세월을 낚시질하던 까닭이 무엇이었겠나. 결국 의롭고 참된 인물을 만나기 위해서가 아니었을까. 그래서 태공망은 주나라 문왕과 무왕을 만날 수 있었을 거야. 자기의 뜻을 아는 사람을 늦게나마 만날 수 있었기 때문에 태공망은 자기의 소신과 역량을 마음껏 펼 수 있었던 게 아니겠어? 태공망에게는 그런 것이 또한 세월을 낚은 보람이었겠지."

그 후배와 나, 우리 두 사람은 거의 1년여 만에 만났다가 헤어지면서 태공망이 낚은 세월의 의미에 공감할 수 있었다.

나는 친구의 소중한 속마음을 알고 한없이 기뻤다.

6장

골목길을 쓰는 마음

골목길을 쓰는 마음

나는 남향으로 지어진 단독 주택에 살고 있다. 대문을 열면 폭 5미터, 길이 40미터가 되는 골목길이 있다. 내 집 양쪽으로 도 한 채씩 주택이 붙어 있으니까 우리 집이 한가운데 박혀 있는 셈이다. 맞은 편 집들도 남향집이지만 대문은 북향으로 나 있다. 그리고 골목길이 끝나는 지점 양옆으로 상가를 겸한 도로가 길게 이어진다.

내 집 앞 골목길을 나는 매일 쓴다. 아침나절이건 저녁나절이건, 시간이 허락하는 대로 나는 하루에 한 번씩 비질을 한다. 가운데 집이라서 그런지 내 집 앞만 비질하기가 퍽 쑥스럽다. 빗자루를 들고 나가면 집 앞 골목을 저 위로부터 이 아래까지 모두 쓰게 된다.

여섯 집 담이 마주보고 있는 골목이지만 매일 쓸어도 노상 지저분하다. 그럴 수밖에 없는 것이 내 집 앞 골목길은 중고등학교 및 초등학교 학생들의 등하굣길이기 때문이다. 물론 다른 통행인도 비교적 많은 편이다. 그래서 학생들과 행인들이 버려대는 휴지 조각이나 쓰레기가 심심찮게 널린다. 그뿐이 아니다. 골목길이 끝나는 위아래의 도로변 쪽 문방구점이나 슈퍼마켓에서 날아드는 쓰레기들과 휴지 조각들도 만만찮다.

몇몇 큰 상점을 제외하고는 대부분 작은 점포들이니까 상인들이 수시로 자기네 점포 앞만이라도 쓸어 준다면 골목길이 그렇게 지저분해지지는 않을 것이다. 그러나 아무리 쓰레기가 널려 있어더 그들은 눈 하나 깜짝하지 않는다. 거기에다 쉴 새 없이 자동차가 내닫고 있으니 휴지 조각이나 쓰레기들은 더 어수선하게 흩날린다.

골목길 청소는 내가 전담하게 된 듯싶다. 이웃집 아주머니나 아저씨, 그 누구도 비질하는 걸 보기가 어렵다. 지금 살고 있는 집으로 내가 이사온 지 여덟 해째가 되지만 지금까지 변함없이 골목길을 쓰는 사람은 나 혼자뿐이다.

처음 얼마 동안은 모범을 보이자는 생각으로 골목을 쓸기도 했다. 내가 열심히 비질을 하면 언젠가는 이웃집에서도 미안하게 여겨 동참하리라 생각했다. 그래도 자기 집 앞은 자기네들이 쓸 줄 알아야 문화시민으로서의 자격이 있는 게 아니겠는가. 언젠가는 내 뜻을 알아 주겠지 하고 말이다.

하지만 더 이상 그들로부터 골목길 청소에 대한 기대를 걸지 않기로 했다. 비질하는 나의 모습을 빤히 보면서도 그들은 항상 강 건너 불보듯하였기 때문이다. 그렇다고 그들의 태도를 비난할 수는 없었다. 골목을 청소하는 게 뭐 그리 대단한 일이라고. 다 사는 게 바쁘다 보면 그럴 수 있는 일 아닌가고. 내 집 앞 골목길 청소는 이제 나에게 있어서 빼놓을 수 없는 일과의 한 가지가 된 셈이다.

비질하는데 나는 온갖 정성을 다 기울인다. 구석구석을 한 군데도 빼놓지 않고 쓴다. 쓰레기라면 크든 작든 가리지 않고 치운다. 하다못해 말끔히 쓸고나면 웬일인지 마음이 깨끗하고 시원하고 후련해지는 느낌이다.

자고나면 으레 대문을 열고 골목길로 나가게 된다. 나가 보면 항상 비질할 거리가 눈에 띈다. 나뭇잎이 아니면 새똥, 하다못해 벌레똥이라도 보인다. 때로는 뉘집 개가 와서 오줌 똥을 싸고 간 자리도 있고 때로는 취객이 토해낸 오물도 수북하게 쌓여 있다. 그런 오물도 연탄재를 뿌려 섞어 쓸어내면 찡그렸던 이맛살이 저절로 가셔든다.

옛날에는 집 안팎을 쓸고 닦는 이을 예절로까지 공부시켰던 것 같다. 아이들의 교육지침서였던 『소학(小學)』을 보면 글머리에 벌써 그런 말이 보인다. 쓸고 닦으며, 묻고 대답하며, 나아가고 물러서는 걸 예절로써 하라고.

내가 어렸을 때의 기억이다. 손님 접대를 소중히 여겼던 나의 선친께서도 손님들이 당도하기 전엔 언제나 안팎 마당부터 깨끗하게 쓸곤 하셨다. 뿌연 먼지를 일으키며 대비로 넓은 마당을 신명나게 쓸어내시던 선친의 모습이 눈에 선하다.

집 안팎이 정결해야 복을 받는다고 했다. 집이 더럽고 지저분하면 오던 복도 가버린단다. 곰곰이 생각해 보면 이치에 맞는 말일 듯싶다. 집안을 정결하게 다스린다는 것은 인간 생활의 기본예절이기 때문이다. 주거환경이 깨끗하면 깨끗할수록 사람들의 표정은 그만큼 밝고 환하다. 그 밝고 환한 생활 속에서만 삶의 희망과 기쁨이 움돋고 자라게 된다.

더러운 사물이나 지저분한 상황을 접하게 되면 저절로 마음이 불쾌해진다. 심기가 불편해지면 자연히 가정에서 뿐만 아니라 이웃과의 사이에서도 불화가 잦아지기 쉽다. 감정이 폭발하면 반목이 싹트기 쉽고 자칫하면 그 어떤 재앙까지도 불러들일 수 있게 된다.

이상스러우리 만큼 요즘 사람들은 자기 집 앞 골목 청소를 하지 않는다. 이른바 빈촌(貧村)이라 불리는 달동네 사람들보다 부촌(富村)이라 불리우는 빌라 동네 사람들이 더 그런 경향인 것 같다. 비질은커녕 마구 버리지나 말았으면 얼마나 좋을까. 심통이라도 부리듯, 아무거나 무심코 홱홱 내버린다.

쓰레기 버릴 곳을 모르는 사람은 아무도 없다. 집집마다 골목마다 거리마다 휴지통, 오물봉지, 쓰레기통들이 다 준비되어 있다. 그런데도 휴지, 오물, 쓰레기를 줍고 쓸고 치울 줄은 모르면서 마구 버릴 줄만 안다. 아마 청소하는 것도 돈으로 때우는 세상이 되어서 그런가 보다.

내 가족들도 예외가 아니다. 고등학교, 대학에 다니는 아들, 딸이 셋이나 있다. 애비가 그토록 집 안팎을 비질해도 그들은 골목길 한 번 쓰는 일이 없다. 기껏해야 저희들이 사용하는 방 안이나 겨우 쓸고 닦을 정도이다. 내 아내도 골목길을 청소하는 데는 그렇게 인색할 수가 없다. 전에는 대문 앞만이라도 가끔 쓸곤 하더니 요즘은 아예 나 몰라라 거들떠보지도 않는다. 한 가지를 보면 열 가지를 안다는 말이 있다. 그저 안타깝기만 하다.

어느 나라건 그 나라의 골목길을 보면 그 나라 문화생활 수준을 짐작할 수 있게 된다. 복지국가들의 도심지나 시골을 둘러보면 거리나 골목의 청결함을 피부로 느낄 수 있다. 청결은 위생과 직결되고 위생은 복지문제와 직결된다.

깔끔한 거리, 깨끗한 환경은 문화생활의 척도이기도 하다. 알면서도 겸손하고 있으면서도 검소하고 바쁘면서도 여유가 있고 분방하면서도 질서가 있고 누리면서도 자만하지 않는다.

빗자루를 잡으면 마음이 가라앉고 편하고 즐거워진다. 널린 휴지나 쓰레기를 차례차례 쓸어가면 고요한 마음으로 돌아간다. 쓸어 모은 쓰레기를 한 무더기씩 정리하면 편안한 마음으로 자리 잡는다. 골목길을 쓸고 나서 옷깃을 훌훌 털고 나면 마음이 그렇게 기쁠 수가 없다.

골목길이 매일 더러워지듯, 내 마음도 매일 더러워지리라. 골목길을 쓸어야 하듯, 내 마음을 닦아내야 한다. 깨끗한 골목길을 돌아보면, 깨끗한 내 마음을 돌아보는 것 같아 마냥 좋다.

좀 더 겸손하고 검소하고 정결하고 아름답고 질서 있는 생활을 통하여 늘 내 분수를 지키며 살아가고 싶다.

바쁜 주말의 유감

요즘 자기의 직업적인 생활에 피곤을 느끼지 않는 사람이 몇이나 있을까. 업무에 시달리다 보면 피곤한 나날이 계속된다. 한 주일이 빨리 지나가기를 바라는 마음 굴뚝같다. 주말이 왜 아니 기다려지겠는가.

주말을 위한 계획도 가지가지이다. 하루 종일 잠을 잘까. 바둑을 둘까. 연극 감상을 할까. 시원한 냇가를 찾을까. 고요한 산속을 찾을까. 운동을 할까. 어쨌거나 직업적인 일로부터 벗어난 해방감을 자유로이 만끽하고 싶어지는 주말이다.

그러나 막상 기다리던 주말이 와도 자기 마음대로 될 수 없는 것이 우리의 현실이다. 참석을 강요받는 일들이 너무나 많기 때문이다. 애사는 어쩔 수 없다 치더라도 주로 경사에 해당하는 일들은 거의 다 날짜를 주말로 잡아서 치러내고 있는 게 요즘의 현실이다.

결혼, 회갑, 생일, 백일, 돌잔치를 비롯하여 송별회, 환영회, 개업식, 집들이, 그리고 정년, 고희, 출판기념회 등은 주말 초대의 대표적인 예들일 것이다. 그 외에도 친척, 친지, 고향 친구, 그리고 각종 동창 모임의 날짜들까지 생각하면 아마도 주말을 맞는 게 더없이 괴로운 일이기도 하다.

주말마다 나에게도 연락이 없을 때가 없다. 초대받을 일이 왜 그렇게 많이 생기는지 알다가도 모를 일이다. 그 어떤 채널을 통해서라도 연락은 꼭 오고 있다. 전화연락이 뜸하다 싶으면 우편연락이라도 반드시 오고야 만다. 어떤 땐, 몸이 몇 개 있어도 모자를 형편이다. 약속하리만큼 예닐곱 건씩 중복될 때도 있곤 하는 것이다.

중복된다 하더라도 서울 시내라면 그래도 마음이 편할 일이다. 나 같은 지방 출신은 그런 것도 기대하지 못할 일이다. 친구나 친지의 숫자를 따지자면 오히려 지방 거주자가 더 많다고도 할 수 있으니 말이다.

어떤 경사이든 이젠 주말이 길일로 꼽히고 있다. 결혼 날짜야 말할 것도 없지만 회갑날짜까지도 요즘은 주말로 날을 받아 많이들 차려준다. 어른들의 생신, 애기들의 백일, 돌날도 그러하다. 그 날 앞뒤에 있는 주말로 날을 받아 집안 친척들을 불러들인다.

그쯤 되면 주말도 바쁜 생활의 연속이 아닐 수 없다. 누군들 감히 편히 쉴 마음을 가질 수 있겠는가. 연락을 받고도 아니는 가지 못할 일이다. 초대는 할 만한 사람에게 하는 것이 아니겠는가. 연락을 받고도 가지 않는다면 그것은 큰 실례가 된다.

물론 초대의 전화나 서면 연락을 받았다고 해서 직접 자기 자신이 모두 다 참석할 수는 없다. 결례를 무릅쓰고라도 직접 참석치 못할 때에는 편법을 쓸 경우가 없잖아 있다. 바쁜 일이 겹친다거나 건강이 좋지 않을 적엔 어머니 아니면 아내, 또는 동생을 참석시키기도 한다. 그것도 여의치 못하면 인편으로 대신 축하나 조문의 뜻을 전달하기도 한다.

그러나 되도록 애경사엔 꼭 참석하자는 것이 나의 굳은 의지이다. 인간의 도리라고 생각하기 때문이다. 인간의 도리는 예의를 다하는 데에서 그 의미가 커진다고 본다. 예의를 지키지 못한다면 양심까지도 저버릴 수밖에 없다. 양심을 저버릴 때, 우리 사회는 반목과 질시로 얼룩지고 말게 되는 것이다.

혹시나 또한 알게 모르게 결례를 범하게 됐을 때, 내 마음은 그렇게 편치 않을 수가 없다. 일단 청첩 연락을 받게 되면 마음의 평온을 얻기 위해서라도 의당 참석하는 것이 상책이다. 주말, 그 쉴 시간을 틈내서 능력껏 내 할 도리를 다했을 때처럼 흐뭇한 일도 없다. 그래서 우리는 오가는 정을 베풀며 사는 재미를 느끼게 되는가 보다.

하지만 요즘은 아이러니컬하게도 애경사에 참석하면서 오히려 따뜻한 인정을 느끼기 어려움은 무슨 까닭일까. 마음의 평온을 갖기는커녕 바쁜 생활의 유감만 더할 뿐이다. 푹 쉬겠다던 주말을 박탈당하면서까지 인간의 도리를 다하겠다고 애쓰는 보람은 고사하고 생활의 유감은 없어야 될 일 아니겠는가.

애경사에 대한 진정한 축하, 진정한 조문은 결국 따뜻한 인정을 앞세워야 하는 법이다. 그러나 따뜻한 인정은 오간데 없고 냉정한 물정만을 내세우는데 곧 문제가 생긴다. 마치 체면, 품위, 자존심 같은 것을 부조봉투의 부피로 측정하려는 듯하기 때문이다.

굳이 여기서 내가 세속적인 이해관계를 나쁜 쪽으로만 따지는 건 아니다. 하지만 이해관계를 곡 따질 경우라면 분명히 따져야 할 것이다. 다만 물정보다 인정을 앞세워야 될 자리에서 이해관계를 중시한다는 건 말도 안 된다는 걸 말하고 싶을 뿐이다. 만일, 이해관계를 중시하겠다면 그건 차라리 상포계를 조직해서 전적으로 곗돈을 태우도록 하는 것이 나을 것이다.

또 허세를 부리기 위한 참석 또는 초대라면 그것도 이미 도의적인 차원을 크게 벗어난 처사이다. 인정어린 에를 멀리하는 처사라면 그런 의식은 이미 속물적인 의식일 뿐이다. 준만큼 받고, 받은 만큼 준다는 시장원리 같은 생각 때문에 황금주말을 앗긴다면 어찌 아연실색할 노릇이 아니겠는가.

따뜻한 인정은 돈으로 계산될 문제가 아니다. 따라서 시간에 쫓기는 바쁜 삶이 인간적 도리를 다하면서까지도 제대로 평가되지 못한다면 인생은 결국 유감천만일 수밖에 없으리라.

'바쁜 주말의 유감!'

인정이 인정으로, 도리가 도리로 통하는 인간적이고 양심적인 사회풍토가 못내 아쉽고 그리울 뿐이다.

모임 친구들의 인간미

옛 어른들은 우리가 자랄 때, 늘 타일러 주셨다. '좋은 친구를 사귀어라. 진정한 친구가 되도록 애를 써라. 살아가는 데는 친구들이 큰 힘이 된다.'라고.

죽마고우(竹馬故友)는 죽마고우대로, 관포지교(管鮑之交)는 관포지교대로, 문경지우(刎頸之友)는 문경지우대로 우리들의 친구 사귐에 대해 옛 어른들은 무던히도 신경을 썼다. '너만 못한 친구를 벗하지 마라.' 『논어』에도 나오는 말이다.

그러나 옛 어른들이 신경을 썼던 만큼 그렇게 친구를 사귀는 일이 우리들 뜻대로 되는 것은 아닌 성싶다. 될성부른 나무는 떡잎부터 보면 안다고 했다. 불량한 친구를 사귀지 않는 것이 좋겠다고 옛 어른들이 우리들에게 그토록 타일러주었어도 역시 좋은 친구를 만난다는 것이 얼마나 어려운 일인가.

인간관계에 있어서 사이가 가까워지긴 쉬워도 사이가 멀어지긴 어려운 게 우리들의 본성인지도 모른다. 학연, 지연, 혈연, 또는 직장을 통하여 우리는 많은 친구들을 가지고 있다. 그 중에는 연락만 하면 곧 만날 수 있는 친구들이 있다. 반대로 연락이 잘 안 되어 만나지 못하는 친구들도 있다. 만나지 못하는 친구들은 하나 둘 자꾸 멀어져 간다.

못 만나던 친구를 만나고 싶어 하는 것은 아무래도 다 때가 있는 것 같다. 대학생활이나 또는 병역의무를 마치고서 직장을 잡아, 어느 정도 경제생활에 안정 기반을 구축하면 많은 친구들을 찾게 된다. 서로 다 결혼을 축하해 주기도 하고 또는 부모의 애경사에 참석하여 친구로서의 우정을 다지기도 한다. 그 때를 지나면 대개 하나 둘 모임이 조직되어 만나는 친구들은 거의 정해지는 셈이다.

내가 정기적으로 다달이 참석하는 모임도 모두 9개나 된다. 용우회, 능금회, 향목회, 이구회, 청호회, 구인회, 한솔회, 광우회, 용정회 모임들이 그것이다. 이 모임들은 다 동네, 초등학교, 중학교, 고등학교, 대학교, 친척, 직장, 사회의 동호인들로 짜여져 있다. 숙명적인 만남의 친구들이라고나 할까.

모임 친구들 가운데는 별의별 친구들이 다 있다. 우선 회원들의 학력, 직업, 취미, 성격, 모임을 갖게 된 연유 같은 것만 따져도 그렇게 모두 다양할 수가 없다. 다양하기 때문에 이런저런 모임을 꽤나 여러 개 갖게 된 것이 아닐까 한다.

각 모임들의 조직 목적은 거의 유사하다. 회원들 간의 친목을 도모하고 우의를 돈독히 하며 애경사가 있을 때 상부상조하는 것이 만나는 목적의 주요 골자이다. 친목도모와 상부상조는 구성원들 사이의 우정과 인간미로 얽혀진 모임의 기본 취지이기도 하다.

모임을 조직하고 나면, 몇 년간은 그래도 제법 화기애애하게 운영되어 간다. 평등의 원리가 적용되기도 하고, 다수가결의 합의체 운영이 철저히 이루어지기도 한다. 초등학교, 대학교 동창들도 같은 생각 같은 건 전혀 없다.

그러나 나이를 먹어감에 따라 사람은 자기 길을 걸으며 저마다 무언가 자기 발전을 꾀하게 마련이다. 불혹의 나이인 40대에 들어서면 대부분 자기의 길을 드러낸다.

배움의 정도도 현격하게 다르다. 친구들 중에는 알게 모르게 대학교,

대학원을 다닌 친구들이 있다. 부러울 정도로 공부를 계속한다. 열심히 책을 읽는 친구도 있다. 사회정세를 보는 안목도 존경할 만큼 높은 친구가 있다. 교양도 폭 넓고 행동에도 품위가 나타난다.

직업 분야도 가지각색이다. 자기 회사를 경영하는 사장도 있고 재벌 회사의 간부사원도 있다. 은행 지점장이 있는가 하면 부동산 개발업자도 있다. 건축업자가 있는가 하면 아직도 건설 현장에서 일당을 받고 막일을 하는 친구도 있다. 택시 기사가 있는가 하면 고급공무원도 있고 약사, 의사에 교사, 교수, 검사, 판사도 있다.

취미생활도 무척 다양한 편이다. 술을 좋아하는 친구가 있는가 하면 노래 잘하고 춤을 잘 추는 친구도 있다. 바둑, 장기, 화투 놀이를 즐기는 친구가 있는가 하면 등산, 테니스, 골프, 낚시를 즐기는 친구도 있다.

성격에 있어서도 많은 차이가 있다. 잘난 체를 좋아하고 꺼떡거리기를 잘하는 친구가 있다. 과격하고 화를 잘 내는 친구도 있다. 또 자기의 주장만을 내세우고 남의 입장은 곧 잘 무시하는 친구도 있다. 지나친 욕심에 늘 미움을 사는 친구도 있고 남의 약점을 꼬집어 시비 걸기를 좋아하는 친구도 있다.

만나는 횟수가 거듭될수록 친구들은 서로가 서로의 인간성을 잘 알게 된다. 잘 알면 알수록 친구들은 서로 무척 친하다고 느낀다. 친하다고 여기면 누구나 보통 자기 본성을 드러내게 마련인가 보다. 저 잘난 멋에 사는 게 아니냐는 것이다.

내 경우 모임이 조직된 지도 이젠 10여 년이 다 넘는다. 우리 친구들은 거침없이 서로 막 대한다. 서로 격의 없는 게 얼마나 좋으냐는 것이다. 우리는 인격도 존중하지 않는다. 교양미도 생각하지 않는다. 만나면 자연히 입씨름이 많아질 수밖에 없다. 입씨름은 분명히 말을 위한 말장난이다.

말장난이 늘어 가면 그 말장난은 어김없이 저속해지기 마련이다. 저속한 말들이 오고갈 때, 그 만남의 결과는 불을 보듯 뻔하다. 서로의 자존심을 상하게 하는 일이 많아지기 때문이다. 감정을 건드리면 좋았던 분위기도 곧 깨진다. 느닷없이 목소리가 높아지기 일쑤이다. 티격태격 욕설까지 마구 튀어 나온다.

"왜 그렇게 욕을 하나? 말을 좀 조용히, 점잖게 할 수는 없나?"

"우리가 뭐 어제 오늘에 만난 친구니? 우리끼리 실컷 욕을 못하면 어디 가서 누구한테 떠들겠니?"

말끝마다 튀어 나오는 욕설과 거친 목소리는 '우리끼리' 아니면, '불알친구'로 모두 합리화시켜 간다. 이러한 억지 앞에서는 그 어떤 논리적, 타협적, 인간적인 태도도 용납되지 않는다. 그들은 독선적이요, 괴변적일 수밖에 없다.

말도 되지 않는 얘기를 너무나 뻔뻔스럽게 잘도 해댄다.

나는 흔히 친구들 사이에서 일어나고 있는 아름답지 못한 일들을 쉽게 접하곤 한다. 돈, 재산, 힘, 재주, 능력 아무거나 가지고 목소리를 높여 싸움질들을 한다. 허세, 만용, 과장 속에서 자신의 방어를 일삼는다. 꺾기, 누르기, 제끼기로 자기 마음을 속여가면서까지 갈등을 해소시키려고 한다.

요즘도 나는 내 모임 친구들을 계속 만나고 있다. 한결같은 마음으로 그들을 다달이 만난다. 함께 시시덕거리며 즐거운 시간을 애써 보내려고 한다. 친구들은 마음이 왜 그토록 포악해져 가는지 가슴을 아파하면서도 그들을 멀리 아니 하려고 한다. 열심히 웃으면서 친구들을 만나려고 한다.

그러면서 늘, 생활에 희망을 안겨주고 인간의 진실을 터놓을 수 있는 친구들의 대화를 아쉬워한다. 눈빛을 반짝이며 열심히 듣고 배우려는 태도를 한없이 부러워한다. 문학, 예술을 감상하고 교육을 걱정하며 정치, 경제, 사회를 얘기하는 자리를 마냥 그리워한다. 행복을 설계하며 마음의 여유를 공감하는 대화를 펴고 싶어 한다. 이제는 서로가 정말 자기 분수를 알아차리는 모임을 가져 보고 싶어 하는 것이다.

"좋은 친구를 사귀어라. 진정한 친구가 되도록 애를 써라. 네가 살아가는 데는 친구들이 큰 힘이 된다." 옛 어른들의 말씀이 또 다시 나의 귓전에 저며 든다. "너만 못한 친구들을 벗하지 마라" 공자는 또 말했다. "그 친구들 가운데는 반드시 너의 스승도 있을 것이다."라고.

유향(劉向) 선생의 교훈

유향 선생은 중국 전한(前漢) 대의 사람이다. 우리에게 그는 다음과 같은 이야기를 남겼다.

부엉이가 이삿짐을 지고 마을 밖으로 떠나려고 했다. 그를 보고 비둘기가 어디로 가려느냐고 물었다. 부엉이가 대답하기를 동쪽 지방의 마을로 이사를 가려는 참이라고 했다. 무엇 때문에 그러느냐고 비둘기가 물었다. 부엉이가 대답했다. 마을 사람들이 내 울음소리를 좋아하지 않는다. 그래서 하는 수 없이 이사 가기로 한 것이라고.

비둘기가 그 말을 듣고 딱하다는 듯이 타일렀다. 그렇다면 그대 울음소리부터 고쳐야 할 게 아니냐고. 그렇지 않으면 동쪽 지방의 마을로 이사를 간다 해도 도 다시 쫓겨나게 될 게 아니냐고.

이 이야기에서 유향 선생이 우리에게 주려고 한 교훈은 무엇일까. 부엉이는 그래도 부엉이다운 면모를 보여주고 있다. 부엉이는 분명히 자기 자신의 나쁜 울음소리를 마을 사람들이 싫어하고 있는 것을 스스로 알고 있는 것이다.

고향 사람들의 마음을 더 이상 상하게 할 수 없다는 판단 아래 이사까지 결심하였으니 말이다. 그렇게 보면 부엉이는 부엉이다운 새일 수도 있다.

그러나 이야기의 핵심은 부엉이의 결심에 대한 비둘기의 타이름에서 찾게 된다. 근본적인 치유만이 문제를 해결할 수 있다는 것이다. 동쪽 지방의 마을로 가 봤댔자, 거기에서도 부엉이는 살 수 없을 게 뻔하기 때문이다. 부엉이의 가장 행복한 삶은 결국 마을 사람들로부터 환영받으며 부엉이답게 사는 것이 아니겠는가.

우리 사회에서도 여러 사람들로부터 환영받지 못하는 사람은 얼마든지 있다. 불쾌감을 주는 사람, 겁 먹게 하는 사람, 떨리게 만드는 사람 등 별의별 사람들이 다 있다.

모두가 사람답지 못한 사람들이다. 그런 사람들이 많으면 많을수록 우리 사회는 평온할 수가 없다. 따지고 보면 다 사람답지 못한 사람들 때문에 우리 사회가 마냥 불안해지고 있는 셈이다.

사람답지 못한 사람은 많은 사람들이 옳지 않다고 여기는 일을 하는 사람이다. 굳이 다른 사람들이 그르다고 생각하는 일을 하는 사람이 사람답지 못한 사람이다. 사람다운 사람이 되려면 우리는 인격을 갖추어야 한다.

사람이 사람다운 노릇을 못하면 사람다운 대접을 받을 수 없다. 사람다운 대접을 받지 못하는 사람이 어디 가서 산들 어찌 행복하게 살 수 있단 말인가.

요즈음 우리 사회에는 사람답지 못한 사람이 너무나 많다. 어버이답지 못한 어버이, 스승답지 못한 스승, 지도자답지 못한 지도자가 여기저기 있다. 그러니까 자식답지 못한 자식이 나오고 제자답지 못한 제자가 나오고 시민답지 못한 시민이 나올 수밖에 없다.

위정자를 믿을 수도 없고 교육자를 믿을 수도 없게 되었다고 한다. 기업가를 믿을 수도 없고 상품을 믿을 수도 없게 되었다고 한다.

사람다운 사람이 믿고 살 수 있는 사회가 살기 좋은 사회이다. 법을 법답게 믿고 지키며 살 수 있는 사회가 살기 좋은 사회이다.

비둘기처럼 남을 타이를 줄 알고, 부엉이처럼 자신의 듣기 싫은 음성을 알아차려야 한다. 각자가 자기의 양심부터 챙겨야만 할 때가 온 것이다.

어버이 날이다. 아버지 어머니께서 살아 계시다면 얼마나 좋을까.

아버지 어머니가 살아 계시다면, 오늘 같은 날에는 좀 업어도 드리고 맛있는 음식도 사서 드리고 차타고 여기저기 아무데고 모시고 막 다니고도 싶은데, 이젠 그럴 수가 없게 되었다.

세상엔 나를 낳아 길러주신 어버이가 살아 계실 때처럼 든든한 성(城)이 또 어디 있을까.

아버지 어머니가 자꾸 눈에 선하다. 카네이션 한 송이를 달아드렸을 때 그 기뻐하시던 모습이 어제인 듯 생생하다. 당신들께서 쓰시던 방문을 열고 괜히 아버지 어머니를 불러 보게 된다.

그러나 돌아가신 아버지 어머니의 대답이 계실 리 없다. 두 분이 모두 약속이나 한듯, 여든두 살까지밖에 사시지 못하고 고인이 되셨다. 아버지 어머니가 정말 돌아가신 걸까. 아직도 자꾸 살아계신 것만 같은 환상 속에 빠져들게 된다.

나의 아버지 어머니는 고향인 경기도 여주 시골에서 사셨다. 농사를 지으셨다. 농사뿐만 아니라 집 안팎 크고 작은 일에도 항상 열성적이셨다. 몸소 평생 수신(修身)과 제가(齊家)를 실천해 보여 주셨다.

나는 아버지 어머니를 오래도록 모시지를 못했다. 내 집에서 함께 사셔야 되는데도 서울에는 오래 계시지 않았다. 서울에 오신다 해도 한 사나흘 묵으면 다시 내려가야 한다고 성화를 하셨다. 시골 살림 걱정이 늘 태산 같은 분들이셨다.

오늘도 편안들 하실까. 들에 나가 뙤약볕에서 일들을 하실 테지. 새벽에는 『소학』을 외셨을까, 『맹자』를 읽으셨을까. 『중용』을 외셨는지도 모르지. 막걸리도 한 대접 드셨겠지. 쇠죽도 쑤어 주시고 밭에 새싹 거름도 내셨을 거야. 으레 첫닭이 울면 꼭두새벽부터 일어나셨으니까.

할 일을 남겨 두고는 잠이 오지 않으신다는 어머니의 그 깐깐한 성미도 좌우지간 알아줘야 한다니까. 마늘밭도 매 치워야 하고, 고추밭에 지주도 세워줘야 하고, 흰콩 검정콩 씨앗도 붙어야 하고, 장에 가서 고구마 싹도 사다 심어야 하고, 참깨 밭도 맬 때가 됐을 텐데, 일꾼들을 얻어야지. 또 누구더러 와서 일을 해달라고 하나. 누에도 석 잠밖에 안 잤는데, 논에 모도 심어야지.

어지간히 일들만 하셨다. 끔찍이도 부지런들 하셨다. 평생을 오직 일하기 위해서 먹고 자고 싸워 온 분들이신 셈이다.

그렇다고 세상을 원망하지 않으셨다. 나라를, 이웃을 탓하지 않으셨다. 먹는 밥도 배고프지 않으면 마음이 넉넉하셨다. 입는 옷도 춥지만 않으면 마음이 기쁘셨다. 사는 집도 다리 뻗고 편히 잠잘 수만 있으면 마음이 편하셨다. 그저 한평생 내내 고생을 보람으로 알고 사신 분들이셨다.

"애비, 에미 걱정일랑 조금도 하지 말어라. 우린 이제 살아 있을 때까지 건강만 하면 된다. 너는 직업이 교직이니 학생들을 열심히 가르치는 게 네 직분이다."

아직도 아버지 어머니 말씀이 기억에 새롭다.

외아들인 나는 어려서부터 지금까지 내내 아버지 어머니의 사랑을 독차지하고 살았다. 별 탈 없이 자랐고 말썽 없이 공부했고 결혼해서 아들 둘에 딸 하나 삼남매를 낳았고 내내 교직에 몸담아 지금은 대학강단에서 학생들을 가르치고 있다.

그러나 나는 공부를 한답시고 내 앞가림마저도 제대로 못하고 살아온 셈이다. 불효가 막심할 뿐이다. 자식 노릇을 제대로 하지 못한 죄가 그토록 통한스러울 줄이야.

어버이 날.

골목길이 너무 지저분하다. 황사 현상에다 바람이 심하게 분 탓이다. 빗자루를 들고 골목길을 쓸어 가는데, 앞집에 사시는 할머니가 그 집 대문 앞에 쪼그리고 앉아, 한 가마들이 자루 속에서 작은 양동이에다 흙을 퍼내시고 있다.

청소부가 쳐 가지를 않아 머리에다 이다가 버리려고 그러신단다. 아마 화가 나시는 모양이다. 하기야 열 번도 더 왔다갔다 내다 버려야 할 흙더미이니 화도 내실만 하다.

골목을 다 쓸고 막 돌아서려는데, 허리 굽은 옆집 할아버지가 빈 맥주병 몇 개가 들어 있는 비닐봉지 하나를 들고 두리번거리신다. 인사를 드렸더니, 빈병이나 휴지가 있으면 달라고 하신다. 빙그레 웃으신다.

기다리시도록 해놓고, 집안으로 들어와 빈병과 휴지를 있는 대로 찾았다. 마침 드릴 것이 꽤 많았다. 모두 내다 드렸다. 묶을 끈, 빈종이 푸대, 큰 봉투까지 준비해 드렸다. 무겁지만 그냥 끌고 가시겠단다.

힘에 부치지 않으실까. 얼마나 힘겨우실까. 힘든 일을 마다 않고 꿈지럭거리는 저 노인들에게도 아들 며느리, 손자 손녀들이 다 있을 텐데.

오늘이 어버이 날이건만, 저 노인들 가슴에는 카네이션 한 송이도 달려 있질 않다.

불현듯 아버지 어머니 생각이 더 난다.

어버이 날, 카네이션 한 송이에 그토록 큰 의미가 담겨 있는 줄을 미처 모르고 살아온 내가 한없이 부끄러워질 뿐이다.

어머니의 마지막 신음소리

퇴근 후, 나는 몹시 출출했다. 아내에게 우유를 한 컵 달래어 마셨다. 좀 있더니, 저녁이 늦어졌다며 내 시장기를 달래 주려는 듯, 아내가 흰 가래떡을 사다 먹자고 했다. 저녁땐데, 떡을 사다 먹으면 저녁밥을 어떻게 먹을 수 있겠느냐고 나는 일언지하에 거절했다.

아내는 떡을 몹시 좋아했다. 어려서부터 입에 밴 식성이란다. 밥과 떡이 앞에 있으면 아내는 언제나 떡으로만 손이 갔지, 밥에는 일절 숟가락도 대지 않았다. 좌우지간 아내는 누구보다도 떡 먹는데 만큼은 호구였다. 하고많은 떡 가운데 오늘은 웬 가래떡을 먹고 싶어 했을까. 나이 쉰 살이 다되어 가는 여자가 뱃속에 애기가 생겼나. 나는 속으로 피식 웃었다.

잠시 후, 흰 가래떡을 한 접시 들고 아내가 들어 왔다. 떡 방앗간에서 금방 빼낸 떡이라 먹음직스러워 보였다. 떡에서는 아직도 모락모락 났다. 별로 내 입에는 땡기지 않았으나 사가지고 온 떡이니 어쩔 수 없었다. 샘이 날 절도로 아내는 떡을 맛있게 먹어댔다. 나도 깨소금, 참기름을 섞어 넣은 진간장에 가래떡 몇 개를 찍어 후딱 먹어줬다.

"당신, 떡 먹는 거 보니까, 꼭 입덧 하는 여자 같어?"

"이 이는…, 농담도 될 농담을 하셔야죠?"

"아냐, 진담이요. 당신이 그 나이에 아이를 하나 낳는다면, 참 잘 키울 수 있을 것 같은데."

"아아, 그만둬요. 징그러워요. 당신은 가만 보면 꽤나 짓궂어요. 그러나 저러나 저녁은 좀 천천히 차려도 되죠?"

"뭘, 먹는 끝에 먹어 치우지. 애들이 언제 돌아올 줄 알고. 그냥 가져와요. 우리 둘이 먹읍시다."

내가 먹은 양의 두 배나 되는 떡을 아내는 다 먹어 치웠다. 그러고도 모자라는 듯, 아쉬운 표정으로 아내는 빈 떡 접시를 들고 나갔다. 아내가 주방으로 나가 저녁을 준비하는 동안, 나는 이상스럽게도 부쩍 집안의 허전함을 느끼게 되었다.

아내와, 나, 두 사람만이 사는 집 같다. 지난봄, 어머니 한 분마저 계시다가, 더 사셨어야 좋을 텐데 그만 돌아가시고 나니 벌써부터 아내와 나 두 사람만이 늘 밥상을 마주하게 된다.

큰 아들 종의는 대학원엘 들어가겠다고 집을 나가, 아예 학교 앞에 있는 고시원에서 생활하고 있다. 맏이인데도 맏이인 줄 아는지 모르는지, 한 달에 한 번 정도 집에 올까말까 한다.

둘째 서영이는 대학 2학년생인데, 학과 임원이 되었답시고 학회 활동에 몹시 바쁜 모양이다. 애비 에미의 걱정 같은 건 아랑곳도 하지 않고, 매일 같이 밤늦게 돌아온다.

막내아들 종섬이는 고등학교 3학년이다. 안타깝도록 빌빌한다. 저녁마다 독서실에 갔다가 새벽 두 시나 되어야 집에 온다. 자는둥 마는둥 아침밥도 거르는 채, 학교로 간다.

다섯 식구가 한 밥상머리에 앉아 도란도란 얘기를 나누며 언제 식사를 했는지 기억조차 까마득하다. 자식들이 커가면 커갈수록 앞으로 우리는 점점 더 그래 갈 것이다. 마지막에는 결국 홀로 있다가 가는 게 자연의 이치 아닌가.

속절없이 나이만 먹어가니 안타깝다. 지난날의 삶을 되돌아보면 태반이 후회스러움뿐이다. 꿈 많던 시절은 이제 빛바랜 추억으로 반추되고 있다. 옛 꿈은 추억으로 엮어지고 엮어진 추억들은 다시 회색빛 꿈으로만 남게 될 것이다.

마침 아내가 저녁 밥상을 들여왔다. 밥상은 오늘따라 겸상이 아니라 외상이었다. 아내는 떡을 많이 먹은 탓에 전혀 밥 생각이 없단다. 마주 앉은 사람은 있어도 밥을 먹는 사람은 역시 나 혼자로구나. '늙는 연습!?' 그렇지. 누군가 한 사람이 먼저 가고 나면 언젠가는 또 한 사람이 외롭게 밥을 먹을 수밖에 없지 않겠는가.

우유에다 떡을 먹은 탓일까. 밥맛이 날 리가 없다. 소태를 씹는 맛이다. 오늘 저녁에는 햅쌀로 밥을 지었단다. 타작을 한 지는 벌써 두어 달이 다 되어 가는데, 이제야 햅쌀밥을 겨우 먹어 볼 수 있게 되다니, 그렇다고 물론 햅쌀밥맛이 더 있는 건 아니다. 오히려 입에 익숙해진 묵은 밥보다도 더 꼬슬꼬슬하고 끈적끈적하기만 하다. 어제는 맛으로 먹었나, 양으로 먹었지 하고 다 먹어줬다.

서재에서 막 커피 한 잔을 마시고 났다. 뱃속이 더부룩하고 답답해졌다. 탈이라면 우유와 떡에다가 밥까지 지나치게 먹어댄 것이 탈의 원인이다. 트림이라도 한 번 났으면 좋겠는데 오늘은 트림은 나오질 않는다. 그러더니 배꼽 부위가 사르르 아파오기 시작했다.

상비약인 한약제 청심환을 한 알 씹어 먹었다. 한 때는 속이 쓰릴 때, 양약인 판젤이나 탈시드, 또는 겔포스를 복용한 적도 있었다. 그러나 나는 양약을 극구 싫어하는 편이다. 양약은 중독성이 강해서 면역성이 약해지기 때문이다. 청심환을 먹으면 쓰리던 속도 보통은 잘 수그러들었다.

그런데 오늘은 뱃속 사정이 전과 달랐다. 계속해서 배가 쌀쌀 아파 왔다. 가래떡을 먹은 게 체했나 하면서도 좀 있으면 괜찮아 지겠지 하고 별로 대수롭지 않게 생각했다. 그리고 나는 따뜻한 쪽을 찾아, 방바닥에 배를 깔고 엎드렸다. 뺏속이 좀 편해지는 느낌이었다. 그때, 잠깐 나는 풋잠에 빠진 듯했다. 그런데 그만 오시시 한기가 돌아 잠에서 깨었다.

이상스럽게도 배는 계속 아파왔다. 몸을 일으켜 나는 한참 동안 맨손 체조까지 했다. 한기를 몰아내기 위해서였다. 다리를 펴, 두 발을 땅바닥에 텅텅 굴러 보기도 했다. 그러나 아픈 뱃속은 속수무책이었다.

나는 다급히 내실에 있던 아내를 불렀다. 목소리가 꽤나 컸었나 보다. 아내가 들어서면서 한 마디 쏘았다.

"저 귀 안 먹었어요. 오늘 따라 왜 그렇게 목소리가 높습니까?"

"아이구 배야, 아이구 배야."

"왜 그래요, 속이 언짢으세요?"

"언짢은 정도가 아니야. 아이구 배야, 여보. 배 아픈데 무슨 약을 먹어야 좋지? 아이구 배야."

"당신도 이젠 늙었나 봐요, 엄살이 대단하신 걸 보니까. 집에 약이 뭐가 있더라, 소화제를 갖다드릴까요?"

"소화제? 소화제라면 뭐지, 훼스탈? 그 약을 먹어서 속이 말을 잘 들을까?"

"속이 거북해서 저도 그 약을 한 알 먹었는데, 지금은 괜찮아요, 가져올 테니, 들어보세요."

아이구 내 배야. 속이 왜 이렇게 아플까. 이렇게 아플까. 이렇게 아픈 뱃속을 아내가 짐작이나 할 수 있을까. 내 배가 몹시 아픈 건 나밖에는 아무도 모른다. 건강이 얼마나 중요한가. 건강에 무심했던 게 죄라면 죄일 수밖에 없다.

아내가 훼스탈 두 알을 가져왔다. 나는 약을 입속에다가 급히 털어놓고 물을 마셨다. 아픈 뱃속이 빨리 가라앉으면 얼마나 시원하랴.

"당신도 배가 많이 거북했었소?"

"아녜요. 전 생리가 있었나 봐요. 지금은 괜찮아요."

"생리라니? 아니 그럼, 당신, 아직도 아이를 가실 수 있겠네."

"호호, 참 당신도. 지금까지 당신 꽤병을 앓고 계신거죠? 아이구 배야, 아이구 배야 하시면서 웬 아기 타령은 그렇게 하세요? 꼭 해산하는 여인 같이."

"아이구 배야, 여보 왜, 이렇게 몸이 떨리지?"

아내는 나의 손과 발을 만져 보더니, 손발이 모두 차갑다며 콕 체했다는 것이다. 그리고는 손가락을 바늘로 따 보자고 했다. 실이 꿰어 있는 바늘을 가지고 들어온 아내는 나의 엄지손가락 마디를 실로 몇 바퀴 동여매더니 비늘을 자기 머리에다가 몇 번 문질러댔다.

나는 좀 겁도 났지만 눈을 지그시 감은 채, 아내가 하는 대로 내버려두었다. 아내는 바늘로 엄지손가락 손톱 위를 몇 번 쓱쓱 쓸어 만지더니, 바늘로 콕콕 찔러댔다. 찔러대고는 동여맸던 실을 풀어낸 다음, 엄지손가락을 꽉꽉 눌러 피를 짜냈다. 새까만 핏방울이 솟아나와 방울방울 맺혔다. 아내는 핏방울을 보더니 날더러 체해도 된통 체했다는 것이다. 다른 한쪽 엄지손가락도 마저 따서 피를 냈다.

아내는 나의 손과 발을 열심히 주물렀다. 이불을 뒤집어쓰고 누웠지만 나는 한참을 누워 있을 수가 없었다. 바로 누워도 배가 아프고 모로 누워도 배가 아팠다. 혹시 『동의보감』에서 말하고 있는 '번위(反胃: 구역질이 나고 먹은 것을 마구 토함)'라는 병이 아닌가 하고도 생각했다.

갑자기 나는 토해내고 싶었다. 아내가 바삐 나가더니 요강을 들고 왔다. 나는 요강 주둥이에다가 입을 갖다 대었다. 아내는 나의 등을 평평 두들겼다. 나는 손가락으로 목구멍을 자극시켰다. 그때였다. 내 뱃속의 오물이 와르르 쏟아져 나왔다. 희끗희끗한 밥알들이 오물 속에 그대로 보였다. 그렇게 몇 번 오물을 토해내니 속이 좀 편해지는 듯했다.

아내는 병원으로 빨리 가야 되는 게 아니냐고 성화였다. 퍽 걱정이 되는 모양이었다.

"병원? 지금이 몇 시요?"

"자정이 훨씬 넘었어요. 벌써 세 시가 다 되었네요."

"그만둡시다. 병원엘 가면 병이 뭐 낫나? 공연히 성한 사람 괜히 중환자로 만들어 놓을 텐데. 여보, 진통제 같은 건 없소?""진통제 있어요. 사리돈! 사리돈을 가져 올까요?"

"배가 너무 아프니까, 한 번 먹어 봅시다."

"그렇게 아프면 병원엘 가요. 네? 아무래도 당신의 그 옹고집이 병을 더 크게 길러가는 것 같아서 걱정이네요."

먹기 싫은 양약이지만 사리돈을 또 먹었다. 약은 먹었지만 나는 정말 병원에는 가기 싫다. 의사? 나는 의사들을 믿고 싶지 않다. 세상인심 탓인지도 모른다. 하도 세상 사람들이 돈에 눈이 어두어지다보니, 의사인들 믿고 싶은 마음이 하나도 없다. '허준' 같은 양심적이고 의로운 명의가 있다면 몰라도.

잠을 좀 잤으면 좋겠는데, 통 잠을 잘 수가 없었다. 잠을 청하려고 하면 팔, 어깨, 다리에 힘이 쫙 빠지고 손끝, 내 배꼽 부위를 쓱쓱 문질렀다. 그래도 아픈 배는 계속 아팠다.

아내마저 내 배를 문질러 주었다. 보통 때에는 아내의 손이 맨 살에 닿으면 나는 무척 간지러워했다. 그래서 저절로 몸이 틀어지곤 했었다. 그런데 오늘은 이도저도 다 무감각할 뿐이었다. 아내도 잠을 자지 못해서 몹시 피곤해보였다.

“당신, 눈을 좀 붙여야지. 그러다가는 당신도 병나겠소.”

“전 괜찮으니까, 당신이나 빨리 좀 잠을 청해보세요. 참, 어머님이 쓰시던 물 팩을 좀 덥혀서 배에다 대어보죠?”

“물 팩이라니? 쑥찜질기 말인가?”

“그래요, 쑥찜질기인가, 보온대인가. 어머님도 배가 몹시 아프실 때, 그걸 쓰셨잖아요?”

다락 속에 두었던 쑥찜질기를 아내가 꺼내어왔다. 전기로 덥혀서 사용하는 보온대이다. 아내가 그 쑥찜질기를 내 배에다 갖다대주었다.

어머니 생각이 왈칵 났다.

“아이구 배야, 아이구 배야.”

어머니께서 돌아가시기 전날, 그토록 배가 아프셔서 내시던 신음소리. 어머니의 그 신음소리가 다시 들려왔다. 나도 모르게 내 두 눈에선 눈물이 흘렀다. 그 아픔을 어머니는 어떻게 참아 내셨을까.

“아이구 배야, 아이구 배야.”

나는 어머니가 마지막으로 아파하시던 그 모습을 깊이깊이 떠올리면서 혼자 조용조용히 깊은 잠 속으로 빠져들어 가고 있었다.

날두부를 씹던 기억

1980년 5월 27일. 10시 낯모르는 형사 두 사람이 학교에 나타나 나를 찾았다. 조용한 장소에 가서 이야기를 좀 나누자고 하길래 나는 그들을 학교 회의실로 안내했다. 회의실에 들어서자마자 형사 한 사람이 내 손목에 수갑을 덜컥 채웠다. 까닭을 모르는 나는 그 순간 화가 치밀어서 소리를 쳤다.

"이게 무슨 짓이야?"

"철커덕!"

내 두 눈에서 불꽃이 튀었다.

"너 빨갱이지?" 이 얼마나 기절초풍할 노릇인가.

당시 정국은 초긴장 상태였다. 10·26사건, 위수령 선포, 12·12사태, 세 김 씨의 출현, 민주화운동의 열기, 막혔던 입이 트인 듯, 그때는 아무나 자리를 함께하면 누가 대권을 잡느냐에 초점이 맞춰졌다. 손에 땀을 쥐게 하는 급박한 정변 속에서도 김재규 신변 문제는 장안의 중심 화제이기도 했다.

"버러지만도 못한 인간!" "나 아니면 안 돼!"

"싹쓸이!" 등의 유행어가 풍미하기도 했지만 국민의 말문이 열린 것도 잠시였다. 결정적인 사건은 바로 광주의 민주화운동이었다. 그 와중에 국정 책임자는 외유 중이었고, 정국의 서슬 푸른 칼자루는 국보위가 잡고 있었다.

경찰서로 끌려간 나는 정보과장에게 인계되었다. 몇 가지 간단한 심문이 있었다. 출신대학 및 입학년도, 친구관계, 가정환경 및 납북인사 유무, 후배 김OO과의 관계, 학생시위 선동 및 주도 경위, 시위 경로 및 장소, 조직책의 루트 등을 물어왔다.

간단한 심문을 진행한 뒤, 정보과장은 내 앞에 자술서 용지를 내밀었다. 나의 성장과정과 지난 4월 15일부터 5월 26일까지의 행적을 빼놓지 말고 기술하라는 것이었다. 정보과 형사 두 사람의 감시 속에서 나는 진술서를 쓰고 또 썼다. 별로 쓸 내용도 없었다. 그들이 얽어 넣으려는 죄목에 관한 한, 나와 아무 상관도 없는 것들이었다.

그러나 감시하던 형사는 날더러 계속해서 더 쓰라는 독촉이었다. 나는 같은 내용을 네 번이나 썼다. 새로 쓸 적마다 내용을 읽어보고 그들은 붉은 사인펜으로 여기저기에 밑줄을 그었다. 밑줄 친 부분을 비교 검토하면서 갑자기 살기 띤 얼굴로 변색하고는 나를 협박하기도 여러 번이었다.

"사실대로 불지 않으면 쥐도 새도 모르게 죽는 거야. 너 같은 놈 하나 죽는다고 누가 눈 하나 꿈쩍할 줄 알어? 너 언제부터 빨갱이가 됐나?"

나의 행적에 대한 조사 목적은 김OO과의 프락치 관계를 캐자는 데에 있었다. 김OO은 광주 제일고등학교 출신으로 K대 사학과 4학년에 재학 중이었다. 그를 알게 된 것은 대학 선후배 관계였다는 점도 있지만 그보다도 그가 교생실습생의 대표였기 때문이다. 내가 근무하는 학교에서 교생실습 업무는 나의 소관이었다.

선후배 관계로서, 도 교생업무를 관장하는 실무자로서 나는 그와 빈번한 접촉을 할 수밖에 없었다. 방과 후에는 커피 타임이나 술자리까지 마련되는 경우도 종종 있었다. 사석에서 교생들과 마주하면 자연히 시국담이 주요 화제가 되었다. 흔히 정국의 향방, 대학생들의 민주화 열기,

군부통치의 종식 여부, 재야 민주인사들의 동태, 대권의 이동 등 화제는 풍부했고 흥미 또한 진진했다.

김OO과의 관계는 교생과 담당자, 후배와 선배의 사이가 전부였다. 그런데 정보과 요원들은 터무니없이 그 이상의 관계를 추궁해왔다. 고등학교 학생들을 선동해서 5월 30일에 있을 대대적인 전국시위에 참여토록 주도한 혐의를 무조건 시인하라는 것이었다. 그들은 내가 4·19 및 6·3데모 등에 참가했던 경력으로 미루어 충분히 고등학교 학생들의 시위를 선동 내지는 주도했을 것이라고 믿는 모양이었다.

계속해서 그들은 자기들이 짜놓은 시나리오를 시인하라는 것이었다. 그러나 나는 그들이 제시한 시나리오를 절대로 용납할 수가 없었다. 아무리 거친 협박을 가해와도 나의 대답은 한마디로 "모른다!" 또는 "아니다!"였다. 더 이상 나의 입에서는 다른 대답이 나올 수가 없었다. 진실을 말하라고 해서 진실을 말했으면 됐지, 또 무슨 진실이 있단 말인가.

그날 밤, 정각 8시. 악질적인 형사 세 사람이 교체되어 들어와 나를 취조하기 시작했다. "모른다! 아니다!"로 일관된 나의 대답에 그들은 거침없이 고문을 가해왔다. 주먹으로 치고 발로 찼다. 몽둥이로 때리고 물구나무도 세웠다. 지하에 마련된 고문실로도 끌고 갔고 주전자 물을 콧구멍에 들여 붓기도 했다.

고문 행위는 거기서 머물지 않았다. 수갑을 채운 채, 팔뚝과 다리 사이에다 각목으로 빗장을 걸고 테이블 틈새에 대롱대롱 매달리게도 했다. 그리고는 몽둥이로 발가락이나 발톱 위를 사정없이 때리기도 했다. 터진 입술, 찢어진 얼굴, 갈라진 팔뚝, 빠개진 발톱에 시뻘건 핏방울이 흐르고 맺히고 고였다. 가슴이 터질 듯 죄어들었고 머리가 빠개질듯 아파왔다. 정말 말로만 듣던 고문 행각을 그제서야 체험한 셈이었다.

새벽 두 시. 내 앞에 그 후배 김OO을 데려 왔다. 드디어 대질 심문이 이루어지는 것이었다. 구세주를 만난 듯 가슴이 탕탕 뛰었다. 그 후배가 나와의 순수한 관계를 진실대로 밝히면 무슨 문제가 있겠는가. 그러나 대질 심문은 너무나 일방적이었다.

"이 새끼가 맞지?"

나는 그 후배를 뚫어져라 응시했다. 온 신경이 곤두섰다. 머리끝까지 핏발이 서는 듯했다. 그런데 그는 이내 목을 떨어뜨린 채, 얼굴을 들지 못했다. 그의 몸뚱이도 엉망이었다. 마치 곧 쓰러질 듯, 다 죽어가는 사람 같았다. 한쪽 팔을 완전히 쓰지 못했다. 늑대 같이 생긴 형사가 그 후배의 머리채를 틀어잡고 얼굴을 치켜 올렸다. 그의 입속에서 꺼져가는 신음소리가 가늘게 흘러나왔다.

"빨리 대답 안 해?"

형사의 고함소리가 다시 터졌다. 순간 침묵이 흘렀다. 김OO의 두 눈에서 눈물이 주루룩 흘렀다. 나의 두 눈에서도 피눈물이 흘렀다.

"틀림없지?"

"네!"

그 뒤, 그 후배는 즉시 어디론가 끌려나갔다.

지구가 푹 꺼지는 듯했다. 피가 멎는 듯, 정신이 아찔했다. 순간 나는 이를 악물었다.

"이대로 꺼져갈 수는 없다. 싸움에서 나는 이겨내야 한다."

새벽 다섯 시까지, 나는 다시 모진 고문과 협박을 당해야만 했다. 유치장 마룻바닥에 격리 수용된 뒤에도 몇 차례 더 소환당해 심문을 받고 진술서를 썼다. 수없이 많은 고뇌가 내 머릿속을 메워왔다.

그다음 날 밤 여덟 시, 나는 다시 수사관실로 끌려갔다.

잠시 후, 하얀 타올로 나의 눈이 묶여졌다. 수사관들이 양쪽에서 나의 팔을 잡고 밖으로 끌고 나갔다. 승용차에 태우더니 어디론가 한참을 달렸다. 30분 정도 달렸을까. 몇 번이고 언덕길을 오르내리는가 싶더니 승용차가 딱 멈췄다. 차에서 나를 내리더니 건물 계단으로 끌고 올라갔다. 2층인지, 3층인지 무릎이 뻐근할 정도로 한참을 끌려갔다.

몇몇 수사관들의 수군거리는 소리가 들렸다. 방문 닫히는 소리가 꽝! 하고 났다. 수사관이 타올을 풀어냈다. 방 안이 깜깜했다. 아무것도 눈에 보이지 않았다. 순간 전기 스위치를 올리는 소리가 들렸다. 갑자기 환해지니까 눈을 뜰 수가 없었다.

"눈 떠!" 굵은 음성이 귓전을 때려 왔다 방 한가운데 내가 서 있었다. 여섯 평 남짓한 방이었다. 발 밑에는 두 뼘쯤 되어 보이는 전깃줄이 보였다. 그대 나는 가슴이 섬뜩했다. 전기고문이라는 걸 생각했기 때문이다. 한쪽 구석에 테이블 하나가 놓여 있고 그 앞에 군복을 입은 수사관 한 사람이 버티고 앉아 있었다.

"옷 벗어!" 나는 빠른 동작으로 옷을 모두 벗었다. 팬티까지 홀랑 벗어 버렸다. 나는 애써 태연했다. 몸이 약간 떨려 왔지만 마음은 편했다. 죄 없는 나를 어쩌겠나 싶었다. 당할 만큼 당했으니까 이제는 너희들 하고 싶은 대로 해볼 테면 해봐라 하는 마음이었다. 언젠가는 진실이 밝혀지겠지 하고 말이다.

"여기는 들어왔다 하면 반쯤 죽어 나간다는 걸 알지? 사실대로 불어야 해. 아무리 우리를 속이려고 해도 절대로 우리는 속아 넘어가지 않아.

그러니까 지금부터 내가 묻는 말에 추호도 거짓 없는 답변을 해야 돼. 만에 하나라도 거짓이 발견되면 그때는 죽는 기야. 저 바닥에 보이는 전깃줄 무엇에 쓰는 줄 알겠지."

나는 그곳에 오기 전까지 취조를 받았던 것처럼 똑같은 내용의 심문과 조서 내용에 진술을 했다. 수사관은 일일이 받아 적고는 서명을 하라고 했다. 서명을 하고 나니까 다른 수사관을 또 불렀다. 나를 데리고 다른 방으로 갔다.

그 방엔 군용 침대도 보였고 세면기, 대변기도 있었다. 테이블 앞에 앉히더니 16절짜리 하얀 백지를 주면서 또 다시 자술서를 작성하라는 것이었다. 나는 자술서를 그날 밤, 그리고 그 다음날, 또 그 다음날 밤까지 계속해서 쓰고 또 썼다.

그렇게 사흘 밤과 낮을 꼬박 견디고 나니까 수사관의 태도가 약간 부드러워지기 시작했다. 잠도 자게 되었고 발도 씻을 수 있게 되었다.

"김OO이 선생과 시위를 모의한 사실이 없다는 걸 진실대로 밝혔어요. 이제 며칠 있으면 여기에서 나가게 될 거요."

사흘 뒤, 나는 다시 흰 타올로 눈을 가리운 채, 먼저 수감되어 있던 경찰서로 이송되었다. 경찰서 유치장에서 다시 일주일을 더 묵었다. 연행된 지 16일째 되던 6월 11일 밤 여덟 시, 나는 경찰서장에게 전혀 마음에도 없는 각서 한 통을 작성해놓고 풀려나게 되었다.

생각하니, 벌써 꼭 십 년이라는 세월이 흘렀다.

그런데도 무혐의로 풀려나던 그날 밤, 침구들 앞에서 날두부를 씹던 기억이 지금도 문득문득 되살아나는 까닭은 무엇 때문일까.

그 아버지의 그 아들

나는 누구를 가장 많이 닮았을까. 내 나이 벌써 50대에 접어들었지만 내가 자라오면서 보고 듣고 말하고 행동하는데 누구의 영향을 가장 많이 받았을까. 아버지? 어머니? 스승? 역사적인 인물들? 친구? 그 누구일까.

사람마다 아마 꼭 같지는 않을 것이다. 아버지의 영향을 많이 받은 사람이 있는가 하면 어머니의 영향을 많이 받은 사람도 있다. 친구의 영향을 크게 받은 사람도 있고 스승의 영향을 크게 받은 사람도 있다. 또는 역사적인 인물을 마음속에 그리며 영향을 많이 받은 사람도 있다.

어떤 사람이든지 의당 자기 자신의 인생관이나 가치관 또는 세계관 정립에 큰 영향을 준 사람은 있게 마련이다. "당신 마음속에 가장 크게 자리 잡고 있는 사람이 누구인가?" 어떤 사람이 이렇게 나에게 묻는다면, 나는 주저하지 않고 나의 아버지를 댈 것이다. 나의 아버지는 적어도 나에게 있어서만은 너무나 훌륭하고 존경스러운 어른이셨기 때문이다.

경기도 여주가 나의 고향이다. 더 자세히 말하자면, 여주읍에서 서쪽으로 십오 리 정도 덜어진 '늘우물'(현재의 동명은 용은리이다.)이라는 데가 바로 내가 태어난 곳이다. 남쪽으로는 확 트였고 양옆과 뒤쪽으로는 낮고 작은 산이 병풍처럼 빙 둘러 있어, 마치 삼태기 모양 같은 구릉지대의 마을이다.

내가 어렸을 때, 나의 아버지는 우리 집 사랑방에다 서당을 차리고 서생들에게 한문을 가르쳐주고 계셨다. 나의 아버지는 한평생 한학에 전념하셨다. 그때에 당신께서는 가훈으로 '치가의 노래'를 직접 지어, 외아들인 나에게 아침저녁으로 들려주셨다.

"우리 가정 살림살이, 처리방침 들어보소. 닭 울거든 일어나서, 옷을 입고 이불 개네. 방세간을 정돈한 후, 장판 마루 걸레 치고, 빗자루를 집어 들고, 안팎 뜰을 정히 쓸세. 소금으로 양치하고, 정한 물로 세수한 후, 부모님전 나아가서, 새벽문안 엿자오세.

제 처소로 돌아와서, 제 할 책임을 찾아할 때, 부인네는 밥을 짓고, 아손들은 공부하네. 온 집안이 모여앉아, 아침밥을 마친 후에, 각기 맡은 직분대로 부지런히 일을 하세. 시청언동 마음속에 나쁜 생각하지 말고, 출입거처 몸 가지기 대소사를 조심하세.

늙은 부모 봉양에는 마음 편케 승순하며, 어린 자식 사랑커든 애초부터 가르치세. 내외간에 화순하고, 형제끼리 우애하며, 일가친척 화목하면 웃음 끝에 복이 오네. 제사에는 정성이요, 손님 대접 친절이라. 의복음식 사치 말고 정결검박 제일이네.

밤 들거던 정성으로 부모 혼정 마치고서 문 걸기와 불조심을 온 집안이 주의하세. 눈을 감고, 단좌하여 종일 한 일 반성할 때, 잘한 일은 더 힘쓰고, 잘못한 일 회개하세. 일찍 자고 일찍 이니, 살림살이 넉넉하며, 매일같이 이럭 하면 수신치가 절로 되네."

초등학교에 들어가기 전부터 나는 이 '치가의노래'를 졸졸 외어댔다. 아버지는 더없이 기뻐하셨다. 집에 자주 오시던 아버지 친구분들도 어린 나를 무척 대견하게 여겨 주셨다.

아버지께서 귀여워해주시는 것만큼, 나는 아버지를 좋아하게 되었다. 그때부터 나의 가슴 속에는 아버지가 자리 잡기 시작했던 것 같다.

나는 아버지의 뜻에 잘도 순응했다. 학교에 입학하면서부터 나는 아버지에게서 『천자문』을 배웠다. 그 후, 나는 계속해서 『동몽선습』, 『명심보감』, 『소학』, 『통감』을 배워갔다.

남의 아들은 가르쳐도 자기 아들은 가르칠 수 없다는 말이 있다. 자기 아들에 대한 지나친 욕심 때문일까. 다른 서생들과 똑같이 아버지는 나에게 한문을 가르쳐주셨다. 나의 아버지는 퍽 자상하셨다. 마음이 차분하셨다. 그리고 친절하셨다. 생각이 깊으셨던 것 같다. 말을 무척 아끼신 편이었다.

나는 나의 아버지께서 입에 욕을 담아 말씀하시는 것을 절대로 본 일이 없다. 화를 내시는 일도 거의 없었지만, 설사 화가 나더라도 욕하시는 걸 듣지 못했다. 그만큼 당신께서는 바른 몸가짐을 행동으로 몸소 가르쳐 주려고 하셨던 것이 아닌가 여겨진다.

나도 지금까지 내 입으로 욕 한 마디를 해보지 못하며 살아가고 있다.

1950년, 동족상잔의 6·25사변이 터졌다. 그때, 내 나이는 아홉 살이었다. 삶의 전부이기라도 하듯, 손자 하나만을 애지중지하시던 할머니께서 그해에 그만 고혈압으로 몸져눕게 되셨다.

발꿈치까지 끌리는 장총을 어깨에 멘 인민군들이 우리 동네에도 들락날락거렸다. 한편, 시골 빨갱이들마저 곡괭이자루를 빼어들고 설쳐대던 고약한 시절이었다.

공포 분위기로 불안하기 짝이 없는 날들이었지만, 아버지는 동요하는 빛을 애써 보이려 하지 않으셨다. 조용한 마음으로 한방치료법을 뒤적이셨다. 약제를 구해다가 정성스럽게 다려, 누워계신 할머니에게 드렸다. 침술도 동원하였다. 다행히도 할머니의 위중한 병세는 무사히 한고

비를 넘기실 수 있었다.

아버지의 효성은 극진하셨다. 할머니의 소・대변을 수발을 손수 해내실 때가 한두 번이 아니었다. 그 다음해, 추운 겨울이 닥쳐왔고 우리는 1・4후퇴라는 뼈아픈 수난을 겪어야 했다. 1・4후퇴 때에는 눈도 참 많이 쌓였었다. 울며불며 남쪽으로 이어지는 남부여대(男負女戴)의 피난 행렬이 끝이 없었다.

할머니의 성화에 못 이겨 아버지도 피난 짐을 꾸리셨다. 막상 집을 떠날 수는 없으셨다. 병환 중에 계신 노모를 떼어놓고 피난길에 오른다는 건 자식 된 도리로서도 절대로 용납될 수 없는 일이었으리라. 얼마나 참담한 심정이셨을까. 그때, 할머니를 쓸어 안고 엉엉 우시던 아버지의 모습을 나는 지금도 잊을 수가 없다.

중학교 입학식 날이었다. 우리 동네의 뒷산 너머에는 바로 여주 이천

간 국도가 나 있다. 그 극도로 넘어 가는 뒷산 길을 우리 마을에서는 '앞사리 고개'라고 불렀다. 새 교복, 새 교모 차림인 내가 아버지와 함께 그 '앞사리 고개'를 올라섰을 때였다. 아버지가 갑자기 나를 불러 세우셨다. 나는 우뚝 제자리에 섰다.

"연재야, 아버지가 걸어가는 걸 봐라."

아버지는 회색 바지저고리에다 검은색 두루마기를 입으시고, 중절모자를 쓰셨다. 한 30여 발짝을 아무 말씀도 없으시고 뚜벅뚜벅 띄어 놓으셨다. 그리고는 저만큼 앞에 서서 날 더러 걸어오라고 하셨다. 아무 영문도 모르고 나는 아버지 앞으로 걸어갔다. 어린 나의 걸음걸이가 얼마나 볼품이 없었으면 그러셨을까.

숙어드는 머리, 땅을 보는 눈빛, 늘어지는 어깨, 꾸부정한 허리, 벌려지는 다리, 가볍게 흔들어대는 팔 들을 일일이 지적하고 교정을 해주시는 것이었다.

"중학생이 되었으면 이제 걸음걸이도 달라져야 한다. 반듯하게 걸어라. 머리를 들고 앞을 멀리 보고 걸어야지. 어깨를 펴고, 허리도 바로 세우고, 다리를 힘차게 쭉쭉 뻗어라. 팔도 지긋이 주먹을 쥐고 흔들어야 한다. 걸음걸이도 무게가 있는 법이야."

여주읍에 있는 학교까지 20여 리나 실히 되는 길을 걸어가면서, 몇 번이고 몇 번이고 아버지는 나의 걸음거리에 대한 교정을 계속해주셨다. 지금, 그대의 사랑어린 아버지의 손길이 더더욱 그리워지는 까닭은 무엇 때문일까.

고등학교 2학년 때로 기억된다.

밥상머리에서 느닷없이 아버지와 나는 논쟁을 벌인 일이 있었다. 논제는 '삼강오륜(三綱五倫)의 현실성'이었다. 윤리교과 시간에 선생님께서 다루어주신 삼강오륜에 대한 비판 내용을 꺼냈기 때문이다.

나는 현실적으로 삼강오륜이 맞지 않는다는 선생님의 비판 내용을 근거로 강력하게 주장을 폈었다. 이에 대해 아버지는 상당히 논리적으로 삼강오륜에 대한 현실적인 타당성을, 내가 쉽게 납득할 수 있도록 일관성 있게 말씀해주셨다. 그 근거는 인간의 뿌리 의식이었다.

"자식이 이 세상에 태어났을 때, 어버이는 누구를 가장 가까이 하겠느냐. 어린아이를 그 어버이가 보호하지 않는다면 그 어린아이는 어떻게 되겠니? 또 그 자식은 누구를 가장 믿고 따르겠느냐, 어버이밖에 더 있겠니?"

"임금과 신하는 무엇 때문에 존재한다고 생각하니? 만백성을 위해서 있는 게 아니겠느냐. 만백성이 누구겠느냐. 나라의 주인이다. 국가와 국민을 위해서 일하는데, 의리와 정의가 없으면 어떻게 되겠니?"

"남자는 남자로 태어났고, 여자는 여자로 태어났다. 남자는 여자가 될 수 없고, 여자는 또 남자가 될 수 없다. 부부는 남자와 여자가 만난 것이다. 남녀가 다르기 때문에 서로 만나고 좋아하게 되는 것이다. 너는 사내이다. 네 앞에 네가 모르는, 한 남자와 한 여자가 있다고 하자. 너는 누구에게 더 관심을 보이겠느냐."

"어른은 어린 사람보다 먼저 태어났다. 젊은 시절 한 대를 지나면 사람은 누구나 다 늙게 마련이다. 늙은 사람은 젊은 사람보다 힘을 못쓴다. 어린이는 청년보다 약하다. 힘센 것만 가지고 마구 행동한다면 이 사회나 국가가 어떻게 되겠니?"

"믿음이 없는 사람이라면 친구가 될 수 없다. 모르는 사람에게 믿음을 줄 수 있겠니? 믿음이 따르지 않는 앎은 무서운 앎이다. 진정한 이해심이 서로 오갈 수 없기 때문이다."

아버지의 뿌리의식에 입각한 삶의 인생관, 가치관은 확고했다. 삼강오륜의 현실성에 대한 논리 전개는 너무나 알기 쉽게 이해되었다.

아버지의 윤리관은 곧 나의 윤리관으로 받아들여졌다. 윤리적 바탕위에 정립된 아버지의 높은 뜻은, 나로 하여금 늘 나의 행동을 조심하게 하는데, 하나의 기준이 되었다.

도덕성 부재의 현실 속에서도 내가 하늘을 우러러 한 점의 부끄러움 없이 살아갈 수 있는 건, 그 얼마나 복받은 삶인가. 나이를 먹어갈수록 아버지의 가르침이 내 가슴속에 더 사무쳐 올 뿐이다.

나는 지금 아버지의 공적비 앞에 서 있다.

'경은 이용업 공적비(耕隱 李容業 功績碑)'.

아버지의 공적비는 많은 제자들과 온 주민들의 뜻에 의해서 친구, 친지, 일가친척들을 모신 가운데, 용은 산록에 우뚝 세워졌다.

'광주인 경은 선생은 애국과 지성, 진실과 애휼의 일념으로 곡진한 인정과 면학의 일생을 산 위대한 학자이시다. 윤리 도덕 훈도, 경로 애유사상 고취, 의례질서 확립, 미풍양속 발양, 공공시설 건립, 새마을 사업 및 새마음 갖기 선도 등 솔선수범의 산 실천이 뭇 사람의 귀감이 되기에, 선생의 그 공적을 여기에 높이 기리다.'

내 아버지의 공적비 비문이다. 1979년 2월 25일, 아버지의 공적비를 제막할 때, 시인 임효순 형은 '헌사(獻詞)'에서 이렇게 노래했다.

> 언제나/ 고아하고 온후한/ 우리 임은/ 오늘도 산마루 위에/ 우뚝 솟았네.
> 임의 뜻/ 어진 마음/ 쌓으신 학덕으로/ 온누리 밝히실/ 등대 되셨네.
> 강산과 이맥이/ 우러른/ 우리 임의 공덕은/ 장천에 타오르는/ 겨레의 별이셨네.
> 한 평생 갈고 닦은/ 우리 임의 곧은 듯은/ 가난한 마음밭에/ 줄기줄기 넘치네.
> 일천을 헤아리는/ 고고한 선학처럼/ 길이길이 사옵시어/ 만수무강 누리소서.

나의 아버지는 이제 이 세상에 안 계시다. 고인이 되신 지 오래다. 그러나 아버지의 따뜻한 사랑과 훈훈한 인정은 항상 내 곁을 맴돈다. 나는 오늘도 아버지의 높은 뜻을 기려 본다. 그리고 아버지의 그 아들이 되고자 내 마음을 정중히 가다듬는다.

• 7장

여행하는 마음

백두산 여행

셋째 날 일정은 중국여행의 피크다. 왜인 줄 아니? '백두산(白頭山) 등정(登頂)!' 때문이다. 생각만 해도 가슴이 설렌다. 두 눈으로 '천지(天池)'를 확인할 수 있을 테니까. 할아버진 산을 좋아해도 '정복'이란 말은 입 밖에 내본 일이 없다. 아니 언감생심(焉感生心), '정복(征服)'이란 말의 의미마저 떠올리기를 꺼려하는 입장이다. '정상'을 정복한다고? '우주'를 정복한다고? 자연 앞에서 끝없이 '교활'을 드러내러드는 건 아마도 인간밖엔 없을 거다. 그냥 경건한 마음으로 백두산에 오르고 천지(天池)를 향해 머리를 숙이고 싶은 마음이다.

백두산은 우리 민족의 영산(靈山)이다. 동서(東西) 240킬로미터, 남북(南北) 400킬로미터이다. 백두 봉(峰) 높이는 해발 2750미터. '천지'는 백두산 분화구다. 둘레 15킬로미터, 직경 5킬로미터, 수심 384미터다. 스위스의 '알프스', 러시아의 '코카서스'와 함께 세계 3대 수원지(水源地)라 불린다. 서쪽으로 흐르는 803킬로미터의 압록강, 동쪽으로 흐르는 521킬로미터의 두만강, 이 두 강의 발원지(發源地)가 '백두산'이다. 우리 겨레가 섬겨온 '성산(聖山)'이다.

앞서 올랐던 분들로부터 귀담아 들었던 얘기가 있다. "백두산은 백 번을 올라도 '천지'는 단, 한 번 볼까 말까다"라고. 까닭은, 기상악화 즉 태풍, 폭우, 우박, 폭풍 등 예측할 수 없는 날씨의 이변 때문이다. 아닌 게 아니라, 그 높은 백두봉까지 세 번씩이나 차를 갈아타고 오르는데 굵은 비가 계속 쏟아지는 게 아닌가? 우의(雨衣)를 갖췄다 해도 등반객 모두는 다들 절망적일 수밖에.

그런데 할아버진 이상하게도 '천지'를 못 볼 거라는 생각은 전연 들지 않았다. '오르면 볼 수 있겠지!' 하는 마음으로 아주 편히 올랐다. 자연(自然)을 믿고 순응(順應)하는 때문일까? 정상 백여 미터 밑까지 올라, 차에서 내려 걸어 오르는데도, 계속 비는 내렸지만 그래도 평온한 마음에 발걸음마저 퍽이나 가뿐했다. 드디어. '백두영봉' '영지(靈池)'에 다가가게 되자 가슴이 뛴다. '백두산 정상! 와!' 두 팔을 쫙 올려 폈다. 한 가지 소원(所願)을 또 이뤄냈다는 성취감(成就感)과 안도감(安堵感)에 감사했다.

눈을 크게 뜨고 천지사방을 둘러본다. '백두산 천지?' 천지엔 물은 없고 구름만 꽉 차 있다. 말 그대로 '운해(雲海: 구름바다)'다. 비는 계속 내린다. 등반객들이 붐볐다. 붐비는 곳에 표지석(標識石)이 보인다. '天池!' 표지석 앞에 선다. 바로 그때다. 거짓말 같게도 빗줄기가 멎더니 잠깐 사이, 천지를 짙게 덮고 있던 구름이 정말 확 걷히는 게 아닌가. "아, '백두산 천지다!' 그토록 소원했던 대명천지(大明天地)의 백두산 '영지(靈池)'로구나." 숙연해진다. 경건(敬虔)한 마음이다. 머리 숙여 공손히 합장(合掌)한다.

웅장(雄壯)한 백두산 영봉(靈峰)과 천지(天池), 그 만고천하(萬古天下)의 장관(壯觀)을 마주했건만 세치 혀를 놀려 뭘 어찌 표현할 수 있겠는가? 감격의 눈물로 눈시울만 적실뿐, 내내 아무 말도 못하고 '아아!' '와와!' 탄성만 꾹꾹 삼키고 말뿐이었다. 혼자였다면 아마도, 뭔가 분단 조국에 대한 통분의 외마디라도 외쳐댔을 거다. 하지만 대다수 등정인들 역시 속으로만 분단의 한을 삭이는 표정들이니 난들 어쩌겠는가? 분주한 움직임들 속에서 이리저리 뛰며 룸메이트(아쉽게도 룸메이트는 카메라 불참)와 함께 카메라 셔터만 열심히 눌러댔다.

'천지'를 배경한 벅찬 흥분 속에서, 시간이 한 십여 분 쯤 지났을까? 그런데 또 거짓말처럼 믿기지 않게, 갑자기 세찬 '우박'이 후드득후드득 막 쏟아지기 시작하는 거다. 아주 순식간(瞬息間)이다. '백두산 천지'가 또다시 짙은 구름 속으로 묻히고 만다. "아, 정말 천지신명(神明)의 조화(造化)속이로구나!" 더 할 말이 없었다. 그런데도 등정인들은, 통쾌했던 경건함 대신 더는 참을 수 없다는 듯, 오히려 애석함의 원망(怨望) 만을 터뜨려 댄다.

통쾌함과 아쉬움. 자연섭리의 기상이변 같은 건 결국, 인간으로선 불가항력(不可抗力)일 수밖에 없지 않는가? 헌데, 사람들은 기상악화로 인한 '운해(雲海)'로의 환원(還元)을 '천지신명'의 해탈(解脫)로까지 내세워 자연섭리를 헐뜯으려고만 하고들 있다. 교활하게도 결국 자기들 입맛대로, 통쾌하다, 아쉽다 하는 원인을 자연섭리의 까탈 탓으로만 몰아붙이려는 심보들이다. 자기 탓 아닌 남 탓으로 돌리는 소행들이 바로 이런데서 비롯되는 게 아닐까 싶기도 하다. 슬픔이나 불행이 어찌 남 탓 만이겠는가?

현수야, 겸손, 겸허할수록 자기 삶을 되돌아볼 줄 알게 된다. 그래야 기쁨도 행복도 즐거움도 안다. 슬픔, 불행, 괴로움은 결코 남 탓만이 아니다. 전적으로 자신의 문제다. 그 때문에 우리는 겸손하고 겸허한 마음을 지녀야 한다. '천지'가 열리는 그 순간, 할아버진 정말 겸손, 겸허한 마음이었다. 합장했을 때, 뭘 소망했었을까? 생각해 봐라.

"사랑하는 내 손자들이 건강하고 씩씩하게 자라도록 지켜주시길 간절히 소망 하나이다!"

백두산 정기 탓일까? 하산 시간이 자정까지 이어졌건만 좀처럼 피곤이 느껴지질 않는구나. 기쁘다. 넷째, 다섯째 날 일정은 다음 편지로 또 넘기자꾸나. 어떠니? 괜찮겠지! 계획대로 손자에게 편지를 보내니, 마음이 참 뿌듯하다. 잘 있어라. 현수야, 안녕!

백두산에 올라서서 사위(四圍)를 굽어보니, 대망 천지가 광활(廣闊)히도 트였구나. 영산(靈山)의 발원 정기를 오늘에야 알리라.

백두 대봉과 천지 답사 덕분인지 넷째 날 일정은 한결 가뿐한 느낌이다. '통화'에서 다섯 시간 걸려 도착한 곳은 '집안'의 '국내성'이다. 국내성은 고구려 두 번째 수도다.

고구려 제2대 유리왕(瑠璃王) 때(서기 3년), 졸본성(卒本城)에서 집안(輯安)으로 수도를 옮겼다. 집안을 중심으로 국력을 신장시켰던 임금이 제19대 '광개토대왕(廣開土大王)'이다. 재위기간 21년(391~412). 즉위 원년부터 서북쪽으로는 연(燕)나라, 남쪽으로는 백제, 왜적을 토벌했다. 만주지역을 완전 점령하고 한강 지역까지 장악해 고구려 전성시대의 기틀을 마련했다.

'광개토대왕비(廣開土大王碑)'가 발견된 건 1875년이다. 제20대 '장수왕(長壽王)'이 부왕의 공적을 기념하기 위해 건립한 사면 석(四面石) 비석이다. 높이 6.39미터, 무게 37톤, 불규칙한 장방형의 기둥 모양으로 돼 있다. 네 면엔 당시 유행하던 예서체로 1,775자를 새겨 놓았다. 이미 마모돼 판독할 수 없는 글자도 141자나 된다. 우리나라 것으로선 제일 큰 비석이다. 주로 대왕의 업적을 기린 내용이다.

장수왕 능도 광개토대왕 비석과 함께 국내성의 대표적 유적의 하나다. 비석과 500여 미터 정도 떨어져 위치하고 있다. 장수왕(394~491)은 역사상, 가장 큰 영토를 점령했고 또 가장 장수한 임금이다. 재위기간(413~491)도 가장 길다. 그가 즉위해, 중국의 진(晉), 송(宋), 위(魏)나라

등과 국교(國交)를 맺고 도읍을 427년, 국내성에서 평양으로 옮겼다. 그 뒤, 남쪽으론 한강까지, 서북쪽으론 만주지역 대부분과 요하(遼河)까지 점령해 명실 공히, 고구려 대국의 전성기를 누렸다.

『삼국사기』, 『삼국유사』를 읽었을 때의 기억이다. 고구려 때 일이라면 옛날 옛적 얘기가 아닌가? '장수왕'이 100살에서 한 살 모자라는 백수(白壽)의 나이까지 살았다니 이름 그대로 장수(長壽)한 임금이다. 어디 그뿐인가? 재위 기간 역시 78년이나 된다. 까마득한 옛날 그의 뛰어난 지도력이 놀랄 뿐이다. 종전 부족제도를 뜯어고쳐 지방제도로 전환시켰다든가, 지방을 다섯 부(部)로 나누어 개설하는 등, 민정 치안도 크게 개혁시켰다는 걸 보면 재위 연도나 장수 연도가 충분히 이해되고도 남는다.

현재 광개토대왕비나 장수왕 능 관리 얘기를 가이드로부터 들었다. 북한 측에서 관리한다는 얘기다. 그런데 유적지 입구 관리 병(兵)들은 마치 인형(人形)들처럼 입을 꽉 다문 채, 전연 그 어떤 인사도, 대꾸도 없다. 참으로 서럽게 사는 삶들 아닌가? 유적지 탐사 후, 그곳에 있는 '묘향산 식당'에서 점심식사를 했다. 북한식 메뉴다. 식사 후, 북한 탤런트(?)들이 노래, 춤 장기를 보여줬다. 그런데 마치 누구의 지령(指令)을 받아 연기하고 있는 것 같아 애처롭고 가련한 느낌이었다. 안타까운 노릇이다. 오늘 일정은 묘향산 식당을 떠나, 중국 여행 첫날 투숙했던 '단둥' 장성호텔 도착으로 마감됐다. 여행 중, 가장 여유를 누린 밤이었다. 푹 쉬었다.

마지막 날 일정은 항일 투사들의 넋을 기리기 위한, 뤼순(旅順) 지역 '감옥'과 '법원' 답사다. 일곱 시에 출발, 비행장이 있는 '다롄'을 거쳐 여섯 시간 만에 도착했다. 두 번에 걸친 노상방뇨를 제외하곤 고속도로를 계속해서 달린 셈이다. 농지 정리돼, 끝없이 펼쳐지는 광활한 땅을 달라다 보니, 중국 영토의 넓은 의미가 새삼스러웠다.

뤼순 도착, 중국식 점심을 가진 뒤 애국선열들이 투옥됐던 감옥으로 향했다. '뤼순' 감옥은 원래 러시아가 세운 건물이란다. 안으로 드니 안중근(安重根, 1879~1910) 의사, 신채호(申采浩, 1880~1936), 이회영(李會榮, 1867~1932) 투사의 동상과 함께 많은 애국지사들의 이력들이 즐비하게 게시돼 있었다. 경건히 머리를 숙였다. 묵념을 올렸다. 망국의 한을 풀기 위한 그들 애국 열사들께 무슨 말로 고인들의 넋을 위로해 드려야 할지 도시 입을 뗄 길이 없었다.

잔인한 수사도구와 족쇄들, 살벌한 감방 유물들을 확인하면서 항일의사, 지사, 투사들의 목숨을 담보했던 일제의 잔인한 악행들이 그대로 실감됐다. 1905년 '을사보호조약'이 체결되자, 1909년 10월 26일, 침략의 원흉 이토 히로부미(伊藤博文, 1841~1909)를 저격하고 다음해, 3월 26일 처형되고 만 안중근 의사. 언론계, 국사연구의 선구자로서 항일투쟁에 몸 담았다가 10년을 언도받고 복역 중 8년 만에 옥사한 신채호 지사, 청년학우회를 조직해 조국광복에 투신했다가 옥사한 이회영 투사 등, 수많은 애국 열사들의 혼령이 우리를 꾸짖는 듯싶어 발걸음이 무겁기 그지없었다. 눈시울만 붉혔을 뿐이다.

대련공항 20시 45분 출발, 인천공항 10시15분 도착으로 중국 연수 4박 5일 일정을 모두 끝냈다. 하지만 아직도 몸 둘 바를 모르겠구나. 마음이 왜 이토록 느꺼운지, 현수 너 이해할 수 있겠니? 생각해 보렴. 오늘은 여기서 줄인다.

잘 있어라. 현수야, 안녕!

캄보디아 앙코르유적 답사기

캄보디아는 우리나라 남북한보다 작은 나라(18만 1035입방 킬로미터)다. 인구는 1500만 정도. 연행지는 캄보디아 서북쪽 '씨엠립'이다. 일정은 3박 5일(2016.6.29~7.3). 우리 일행 24명은 인천에서 여섯 시간 걸려, 다음날 01시(한국보다 2시간 늦음)경, '씨엠립' 도착이다.

기내 밤잠은 설쳤다. 가슴은 설렌다. 까닭은 '캄보디아'가 겪은 내외(內外) 수난사가 우리만큼이나 그렇게 복잡한 때문이다. 해외여행이라면 주로 우리보다 더 큰 나라, 더 발전한 나라들로만 계획 잡기 일쑤다. 그때마다 우리는 엉뚱하게도 대국(大國) 아니면 선진국(先進國)에 대한 부러움에만 몰입돼, 자기성찰(自己省察)은커녕 도리어 굴곡진 역사 탓만 일삼는 어리석음을 어마나 자초했었던가?

둘째 날 일정은 09시부터다. 처음은 실크 팜(Silk farm) 견학이다. 넓은 뽕나무 밭, 누에고치 농장. 옛날, 우리네 광복 전후 농가단지를 떠올리는 마을이다. '물레' '베틀' '실크제작' '전시상품'들을 두루두루 관람했다. 어린 시절 누에치던 때가 떠오른다. 누에섶에 수북이 뽕잎을 던져주면 뽕잎 먹는 소리가 마치 한밤중 소나기 쏟아지는 소리 같았다. 서걱서걱 얼마나 잘도 먹던지. 넉 잠잔 누에 모습이 지금도 선하다. 실크 팜은 인도 간디 옹의 물레 영향을 크게 받지 않을까 짐작된다.

이어서 '망고 팜'으로 향했다. 잠시 뜻 깊은 봉사활동도 폈다. 빈민촌 '고아학교' 방문이다. 한국인이 경영한다. 직원 셋이 맞아준다. 마침 외부 실습 중이라 학생들을 만날 수 없었던 게 아쉽다. 일일이 손잡고 눈이라도 맞출 수 있었다면 얼마나 뿌듯했을까? 준비한 선물세트만 차려

놓고 현수막을 든 채, 사진촬영만 하고 돌아섰다.

'망고농장' 관리자도 한국인이다. 망고를 포함한 각종 아열대식물 재배가 꿈이란다. 이국에서의 어려움이 왜 없겠는가. 건기(乾期)·우기(雨期)의 물 관리, 농기계 사용, 교육수준들이 가장 큰 문제란다. 아열대지역 현장의 망고맛은 일미 중 일미다. 가공식품들도 다양하다. 다음 코스는 '웨스트바레이'. 천 년 전 만들어진 최대 인공 호수다. 그 큰 호수가 바싹 말라 있다. 강우량이 적어서 그렇단다. 건기는 12월~4월, 우기는 5월~11월까지다. 어느 나라든, 치수(治水)는 절대적인 중대사다. 그런데도 저토록 말라 있다면 캄보디아인들은 끔찍이도 신의 도움만 의존하는 게 아닌가 걱정됐다.

첫날 마지막 코스는 재래시장 '싸르'다. 40분 정도, 시장통을 거닐었다. 위생시설이 너무 열악하다. 특히, 해산물시장은 악취 때문에 걷기조차 겁났다. 믿기지 않던 가이드 말이 떠오른다. 물(식수)조심, 개(재채)조심, 음식(질병)조심, 치안(차·무기)조심이 그것이다. 평균수명 53세, 낮은 교육수준이 이해될 것 같다. 몸이 아프면 치료도 어렵고 약도, 병원도, 법질서도 형편없다는 거다. 해결책은 '흥정'뿐이란다. 그렇다면 외국인은 꼼짝없이 덤터기만 쓸 수밖에 없다는 얘기 아닌가? 역시 높은 부패지수가 후진국의 가장 큰 문제일 성싶다.

셋째 날은 08시부터다. 주요 일정은 세계문화유산 '앙코르유적' 답사다. 중세시대로의 시간여행이다. 앙코르 왕도는 '앙코르와트'와 '앙코르톰'으로 구성된다. 15세기경 왕조 멸망 뒤, 역사의 뒤안길로 오래도록 방치되었다가 19세기에 와서야 비로소 프랑스 '앙리'에 의해 그 유서 깊은 모습이 드러나게 되었다. 놀라운 일이다. 4~5세기를 건너뛰고도 유럽의 그 어떤 고적들보다도 더 웅장한 모습을 드러내고 있으니 말이다.

'앙코르와트'는 '위대하고 성스런 서원'이란 의미다. 중세시대 유적으로 최고 수준의 석조건축물이다. 큰 연못(해자)과 성벽들로 에워싸인 것도 좋은 특징이다. 무려 2만 7천 명 이상의 정예 장인(匠人)들이 40년 이상이나 걸려 완성시켰단다. 입구부터 일곱 개 머리를 가진 사신(蛇神: 뱀의 신) '나가'의 위용(威容)이 대단하다. 합장(合掌)의 예를 드린 후 해자(垓字: 능의 경계) 사이로 앞을 바라보니, 우뚝우뚝 솟은 앙코르와트, 그리고 늘어선 코끼리 테라스 레퍼왕 테라스(층층의 단상)들이 놀랍도록 웅장하다. 신의 궁전으로 일컬어지는 힌두교 사원 '바푸욘' 모습에 다시 숙연해진다.

'앙코르톰'은 '거대한 도성(都城)'이다. 12세기 말엽 자야바르만 7세가 적군 '참파족'을 격퇴시킨 후, 새로운 도성을 착안해, 한층 더 굳건히 건축한 궁전이다. 천상계, 인간계, 지옥계를 재현시켰다는 게 좋은 특징이다. 성벽은 히말라야 산맥을, 해자(垓字)는 성벽을 둘러싼 대해를 상징시켜 앙코르와트를 능가하는 규모로 건축했다는 것이다. 관세음보살상으로 장식된 신비스런 '바이욘' 궁전은 더없이 자비롭다. 사면체 보살상은 붓다의 자비심을 한껏 자아내, '크메르인의 미소'로까지 칭송받는다.

왕복 이틀을 제외한 일정들이 워낙 빡빡하다 보니, 그 웅장한 앙코르 유적들에 얽힌 세세한 내력들을 제대로 다 수습하기 어려운 게 참 안타깝다. 물론 나이든 탓도 클 수밖에 없다. 그 때문일까? 이젠 따라다니기조차 힘들 때가 됐구나 하는 생각도 하게 된다. 하지만 오늘 '앙코르유적' 답사만큼은 이상하게도 힘겹다는 생각이 전혀 들지 않는다. 나만 그런 건가. 따라다니기 바쁜 그 와중에도 뭔가 서두르지 않는 '느릿느릿한 삶'의 여유 같은 걸 '중세시대 앙코르유적들'로부터 느낄 수 있었기 때문이 아닌가 싶다.

씨엠립 인심(人心) 역시 그런 느낌이다. 농토, 택지, 도로 모두가 여유롭다. 가진 건 부족해도 서두름이 없다. 넓디넓은 이모작 땅이 사방 천지다. 세금도 없다. 시내버스가 없는 것만 봐도 그렇다. 영업용 택시도 없다. 교통수단은 자전거, 모토(오토바이), 툭툭이(삼륜차)가 전부다. 앙코르와트와 톰을 왕래하는데 손님 두세 사람씩 타는 '툭툭이'를 이용했다. 12대 '툭툭이'가 우리 일행을 태워다 준 자리에서 그대로 세 시간 가까이를 기다렸다가 우리를 다시 태우고 애초의 제자리로 되돌아온다. 1인당 1달러씩 받고도 고마움을 크게 건네는 그들이다.

어느 국가든, 역사 발전의 굴곡은 다 있다. 캄보디아라고 예외일 수는 없다. 중세 찬란했던 크메르 정국의 왕권찬탈 그리고 내분. 80여 년간의 프랑스 식민지(1953.11.9 독립). 1975년대 폴포트(Pol Pot)가 이끄는 크메르 루주 정권의 폭정. 1979년대 베트남의 침공. 폴 포트가 축출될 때까지 캄보디아의 전역에서 목숨을 잃은 170만여 명의 원혼들. 그 당시 파렴치하게도 저 찬란한 앙코르 유적들을 목표로 삼아 폭격훈련을 자행했었다니, 그 얼마나 무자비하고 처참한 전장(戰場)이었던가를 새삼 실감하지 않을 수 없다. 비극의 단초는 역시 무지(無知)일 뿐이라는 생각을 떨칠 수가 없다.

넷째 날은 전날과는 달리 좀 여유로운 일정이다. 오늘 시작은 동양의 아마존이라 불리는 천연호수 '톤레삽' 관광이다. 09시, 호텔을 나서마자, 가이드의 날씨 걱정이 태산 같다. '폭우' 때문이란다. 메콩강 강물이 역류하면 톤레삽 호수 수량이 보통 때보다 세 배 이상으로 불어난단다. 그러나 다행히도 우리는 아무 탈 없이 우리의 1960년대식 어선 같은 발동선에 몸을 실을 수 있었다. 수량이 많지 않다. 톤레삽 호수는 세계적인 어류(魚類)단지로 명성이 높다. 캄보디아인들에게는 풍부한 생선을 제공해주는 어머니 젖줄 같은 호수란다. 무려 네 시간 가까이 발동선을 탔다. 그만큼 거리가 멀고 큰 호수다.

끝으로 독립공원과 넓은 박쥐공원을 관람했다. 울창한 수림 속, 다닥다닥 붙어있는 새까만 박쥐(최고 청력 발달 동물)들 휴식이 여유롭다. 나무 밑에서 박쥐의 똥을 받으면 무병장수한다는 가이드 해설이 일행의 귀를 불러 모은다. 한바탕 폭소를 터뜨려, 다들 여정의 피로를 날렸다. 어느 여행길이든 아무리 힘들더라도 끝날 때가 되면 피곤이 제풀에 꺾인다는 말이 맞지 싶다. 왜냐고? 역시, 오늘 막 자정 지나 내일 집에 가선 또 다른 여행지를 새로이 물색하게 될 테니까.